EL NIÑO Y SU MUNDO

Claudia

EL NIÑO Y SU MUNDO

Cómo contar cuentos a los niños

Relatos y actividades
para estimular la creatividad
e inculcar valores éticos

Shirley C. Raines / Rebecca Isbell

ONIRO

Título original: *Tell It Again!*
Publicado en inglés por Gryphon House, Inc.

Traducción de Meritxell Pacheco

Diseño de cubierta: Víctor Viano

Ilustración de cubierta e interiores: Joan C. Waites

Distribución exclusiva:
Ediciones Paidós Ibérica, S.A.
Mariano Cubí 92 – 08021 Barcelona – España
Editorial Paidós, S.A.I.C.F.
Defensa 599 – 1065 Buenos Aires – Argentina
Editorial Paidós Mexicana, S.A.
Rubén Darío 118, col. Moderna – 03510 México D.F. – México

© 2000 exclusivo de todas las ediciones en lengua española:
   Ediciones Oniro, S.A.
   Muntaner 261, 3.º 2.ª – 08021 Barcelona – España (e-mail:oniro@ncsa.es)

ISBN: 84-95456-05-2
Depósito legal: B-14.797-2000

Impreso en Hurope, S.L.
Lima, 3 bis – 08030 Barcelona

Impreso en España – *Printed in Spain*

A los profesores y bibliotecarios,

mamás y papás,

abuelitos y abuelitas,

a los fantásticos tíos y tías

y personas mayores de todo el mundo.

A todos los narradores de historias,

provengan de donde provengan,

que invitan a los niños a sentarse a su lado.

Al Hombre que Llega hasta las Rodillas,

a los reyes, reinas, princesas y demás.

A la bondad, que está por encima de la maldad,

y a la verdad, que está por encima de la mentira.

A los narradores de historias de todo el mundo,

disfrutad de una o dos páginas.

Transmitidlas.

Cuando contéis cada historia,

disfrutad de su magia, de los embusteros y los sueños...

de sus ideas y enseñanzas.

Sólo os pedimos una cosa,

¡Contadla otra vez!
Y contádsela a los más pequeños.

Shirley Raines

Índice

Introducción

El precioso cisne fue una vez el patito feo. Al chico que siempre gritaba «¡Que viene el lobo!» nadie le hizo caso cuando el lobo vino de verdad. La modesta tortuga ganó la carrera mientras la liebre presuntuosa fanfarroneaba de ser la más rápida. Algunas de las mejores enseñanzas de la vida se recuerdan con más facilidad mediante la rememoración de las historias que nos contaron durante la infancia.

En el hecho de contar historias hay tres elementos esenciales: la historia, el narrador y la audiencia. Una historia bien seleccionada y contada por un buen narrador cautiva la atención de la joven audiencia y los tres elementos funcionan en armonía. Son muchos los beneficios de la narración de historias: la vivencia de momentos intensos y sorprendentes, la expresión de verdades universales y moralejas para recordar y utilizar durante toda la vida, y el especial vínculo afectivo que conecta al narrador de la historia con su audiencia.

El poder de la narración de historias

La narración de historias es un medio poderoso. Una historia bien narrada puede inspirar acción, fomentar la comprensión de las diferencias culturales, expandir el conocimiento del niño o proporcionar diversión. Escuchar historias ayuda a los niños a comprender el mundo y cómo las personas se relacionan entre ellas.

Cuando los niños escuchan las historias, utilizan su imaginación. A partir de las vívidas descripciones del narrador, los niños imaginan la «sopa de clavo» o a la «mujer diminuta». Esta creatividad depende tanto del entusiasmo con que el narrador cuenta la historia como de la interpretación activa que hace el niño a partir de lo que ha oído. Cuanto más fascinantes sean la historia y el narrador, más beneficios obtendrá el niño de la totalidad de la experiencia.

La experiencia de la narración de historias también ayuda a los niños pequeños a percibir la forma narrativa. El hecho de que los niños se impliquen y creen sus propias imágenes sobre la historia, facilita que recuerden sus personajes, secuencia y moraleja. Explicar historias a los niños pequeños puede motivarles a explorar distintos tipos de literatura y a convertirse en narradores, lectores y escritores de historias.

¿Qué historias son adecuadas para los más pequeños?

Escribimos este libro porque pensamos que había pocas obras dedicadas a la narración de historias para niños pequeños. A los narradores de cuentos les suele resultar complicado tratar de seleccionar los relatos adecuados para los más pequeños. Cuando seleccionamos las historias que aparecen en este libro, tuvimos en cuenta que fueran cuentos excelentes y que encajaran con las necesidades evolutivas de los niños.

Las historias más adecuadas para niños pequeños suelen presentar algunas de las siguientes características:

◎ La secuencia de los acontecimientos es fácil de seguir.

◎ Hay palabras o frases que se repiten.

◎ Son cuentos predecibles.

◎ Son historias de acción.

◎ Acostumbran a ser humorísticos.

◎ Los sucesos son interesantes y entretenidos.

◎ Tienen un final sorprendente y una conclusión adecuada.

◎ Acaban con una moraleja o mensaje fácil de entender.

Consejos generales para narrar historias

Los siguientes consejos para narrar historias suelen aplicarse a la mayoría de los cuentos que se cuentan a los niños pequeños:

◎ Mientras cuentes la historia, observa al niño, adapta tu conducta a la suya y clarifica lo que sea necesario.

◎ Fomenta la interacción entre los niños y anímales a que participen.

◎ Modifica el ritmo y la longitud de la narración, de forma que encaje con el momento evolutivo y vivencial de los niños que te escuchan.

◎ Varía a menudo el tono de voz, utiliza expresiones faciales, gestos y frases que se repitan para facilitar que el niño se sienta involucrado en la historia.

🌀 Utiliza palabras y descripciones que les ayuden a imaginar los sucesos a su manera.

🌀 Cuenta la misma historia varias veces, de modo que el niño pueda comprender progresivamente el relato.

El hecho de contar cuentos a los niños pequeños proporciona momentos muy especiales y plantea desafíos únicos. Los niños disfrutan con la predictibilidad, la repetición, el humor y la participación activa en la presentación de la historia. Si éstas son demasiado complicadas o el narrador es demasiado dramático, el niño se desentenderá de la experiencia.

El diseño del libro

Los 16 cuentos que se presentan en este libro proceden de distintas culturas y están agrupados por temas: 1) sé tú mismo, 2) utiliza tu ingenio, 3) aprecia las diferencias y 4) la música está en todas partes. Cada sección contiene de tres a seis historias, y como mínimo una de cada grupo es un cuento conocido. Estos cuentos más conocidos son una buena elección para la persona que se inicia en la narración de historias.

Cada uno de los relatos se ha escrito para conmover a los niños pequeños, para cautivar sus mentes despiertas y conseguir toda su atención. Además de la diversión que aportan, la estructura y la secuencia de los cuentos facilitan su narración. Escritas para ser narradas, todas estas historias tienen la fuerza suficiente para que merezca la pena leérselas a los niños.

La presentación de los cuentos hace amena su lectura. Cada uno empieza con una breve introducción, seguida de la historia completa, y acaba con un mensaje o moraleja. A continuación se ofrecen algunos consejos para narrar la historia y unas preguntas para plantear a los niños. Teniendo en cuenta que éstos aprenden mejor cuando hacen ellos mismos las cosas, se incluyen actividades que potencian y enriquecen la experiencia de la narración. Un rasgo característico de este libro es la colección de fichas que aparece al final; hay una ficha para cada historia, y en ellas se incluyen los personajes por orden de aparición y un resumen del cuento.

El mensaje de la historia

Para que el narrador pueda focalizar en el valor inherente o «verdad» de cada historia, al final de cada cuento se incluye su mensaje o moraleja. A menudo las enseñanzas que contienen los relatos dependen de la edad de su audiencia. Por ejemplo, en «El ruiseñor» el niño pequeño disfrutará con la acción, el más mayor pensará sobre todo en por qué el Emperador prefería al pájaro mecánico en lugar del ruiseñor verdadero y los adultos verán en esta historia el peligro de valorar demasiado las posesiones.

Consejos para narrar la historia

Al final de cada cuento hemos incluido algunos consejos para narrarlo. Son sugerencias que han surgido de nuestra experiencia en la narración de historias a los niños pequeños. Estos consejos ayudarán al narrador a identificar aspectos específicos del relato que se pueden expandir y adaptar para ajustarse a las necesidades de la joven audiencia. Por supuesto, cada narrador contará la historia a su manera, seleccionando o modificando nuestras sugerencias de modo que encaje mejor con su audiencia en concreto.

Preguntas

Al final de cada cuento planteamos algunas preguntas. Sin embargo, no es necesario que siempre se planteen preguntas después de la narración, los buenos narradores de historias pueden estar atentos al estado de ánimo de su audiencia y decidir si conviene plantear estas preguntas para la reflexión o no. Para responder a algunas de ellas se precisa una elevada capacidad de pensamiento y de creatividad.

Actividades sobre la historia

Estas actividades están conectadas con el cuento o con la principal idea que aparece en él. Las actividades son lo bastante abiertas para fomentar la creatividad del niño, y además, muchas de ellas refuerzan las primeras habilidades de lectura y escritura y ayudan al pequeño a recordar la idea principal de la historia.

Fichas

Las fichas, que se encuentran al final del libro, ayudan al narrador a recordar el orden de aparición de los personajes principales, la secuencia de los acontecimientos, las frases recurrentes e incluso la frase clave de la historia. Estas fichas pueden ser de utilidad tanto para los narradores expertos como para aquellos que se inician en esta actividad. Las fichas se pueden utilizar para practicar la narración y sentirse más cómodo con una nueva, para tener una colección de todas las historias de que se dispone o para repasarlas antes de contarlas de nuevo.

El placer de narrar historias

¿Cuáles son tus cuentos favoritos de la infancia? ¿Recuerdas cuando te contaban «Blancanieves y los siete enanitos», «Caperucita Roja» o «Los tres cerditos»? Una amiga mía recordaba a su madre contándole estos tres clásicos; más tarde, no pudo evitar su asombro cuando, al llegar a la escuela, su maestra leyó los mismos cuentos. Asumía que era su madre quien los había inventado y le sorprendía que maestros y padres supieran los mismos cuentos.

Una forma de apreciar el poder de la narración de historias es recordar aquellas con las que más disfrutaste durante tu infancia. Reflexiona sobre tus sentimientos, la fuerza de cada personaje y la forma como el narrador fomentaba tu implicación en el relato.

El propio entusiasmo al recordar esos cuentos y la experiencia de escucharlos debería animarnos a convertirnos en narradores. Está claro que la narración de historias ha encontrado su lugar en la historia literaria, pero ¿cómo se empieza? ¿Cómo se convierte uno en narrador? Recuerda los cuentos de tu infancia, selecciona uno adecuado y cuéntaselo a un niño o a un grupo reducido de niños. Practica los consejos que mencionamos en el libro. Ten a mano una ficha para echarle un vistazo rápido, entonces déjate ir y disfruta con el fluir de los acontecimientos en la historia. Observa las reacciones positivas de tus jóvenes oyentes y te habrás convertido en un narrador.

Seas un aspirante a profesor o un bibliotecario experto, un padre primerizo o abuelo de cinco nietos, el mensaje es el mismo. Las historias que cuentas son regalos que perduran toda la vida. Disfruta de la experiencia de narrar historias y deléitate con las peticiones de los niños al implorarte:

«¡Cuéntalo otra vez!»

1
Sé tú mismo

Diminuto

ESTA NUEVA VERSIÓN DE UN CUENTO INGLÉS
TRATA SOBRE UNA MUJER DIMINUTA QUE
ENCUENTRA UN HUESO EN UN CEMENTERIO Y
DESPUÉS OYE UNA VOZ QUE LE DICE
«DEVUÉLVELO». EL SUSPENSE LLEVA A UN FINAL
SORPRENDENTE.

Érase una vez una mujer diminuta que vivía en una casa diminuta. Una noche, la mujer diminuta no podía dormir, por lo que decidió dar un diminuto paseo.

La mujer diminuta se levantó de su diminuta cama, puso las mantas diminutas sobre las diminutas sábanas y sobre las almohadas diminutas. Se puso su vestido diminuto con su diminuto chal. Metió sus pies diminutos en sus diminutos zapatos.

La mujer diminuta bajó la diminuta escalera, cerró la puerta principal de su casa, bajó dando un paseo diminuto hasta su diminuta verja y salió a dar una vuelta diminuta.

Haz ver que caminas.

Mientras daba su diminuto paseo, la mujer pasó por la iglesia y por el cementerio. En el cementerio vio un hueso que sobresalía del suelo. La mujer dijo: «Éste será un regalo encantador para mi diminuto perro, que está dormido bajo su diminuta manta de perro».

Pon un tono de voz agudo cada vez que la mujer habla.

La mujer diminuta tiró del hueso con toda su fuerza y lo arrancó del suelo. Se lo llevó a casa, pasando por la iglesia, por su diminuta verja, dando un diminuto paseo cuesta arriba, pasando por su diminuta puerta principal y dejó el hueso en su diminuto armario.

Después del paseo, la mujer diminuta estaba cansada y tenía sueño, por lo que subió la diminuta escalera y fue a su habitación diminuta. Se quitó los zapatos diminutos, el diminuto chal, el vestido diminuto y se puso el diminuto camisón. Echó la diminuta manta sobre las sábanas diminutas y la diminuta almohada.

Simula que subes la escalera.

Apoyó la diminuta cabeza sobre la diminuta almohada y se puso a dormir.

Hazte el dormido.

Cuando se estaba quedando dormida, oyó una voz, una diminuta voz que a lo lejos le decía: «¡Dame mi hueso!».

Haz como si te subieras la manta hasta la barbilla.

La mujer diminuta se subió la manta hasta la barbilla y se quedó inmóvil. De repente oyó cómo su diminuta puerta se abría chirriando y la voz, más cercana y más fuerte, decía: «¡Dame mi hueso!».

La mujer diminuta se tapó con las diminutas mantas de su diminuta cama e intentó dormir. Entonces oyó un crujido de su diminuta escalera y la voz que decía por tercera vez: «¡Dame mi hueso!».

La mujer diminuta estaba más que asustada, pero apartó las mantas diminutas de su diminuta cabeza, se incorporó en su diminuta cama y dijo con una voz que no era nada diminuta: «¡CÓGELO!».

No cojas nada que no sea tuyo.

Consejos para narrar la historia

🌀 Cuando hable la señora diminuta, pon un tono de voz agudo y chillón.

🌀 Acuerda con la persona a quien le cuentas la historia un signo para hacer conjuntamente cuando digáis «diminuto». Por ejemplo, un movimiento con el dedo índice.

🌀 Representa otras acciones como: vestirse y desvestirse, llevarse la manta a la cabeza, etc.

🌀 Ésta es una historia escalofriante que puede dar miedo a algunos niños. Cuando digas las palabras: «Dame mi hueso», adapta el tono de voz de acuerdo con la edad y reacción de tus oyentes. Por ejemplo, para añadir suspense podrías poner un tono de voz bajo y similar a un rugido. Por el contrario, hablando en un tono de voz más elevado y respirando profundamente podrías crear un efecto más humorístico.

Preguntas

🌀 ¿Alguna parte de la historia te hizo reír? ¿Hubo algo que te diera miedo?

🌀 ¿Te sorprendió el final de la historia? ¿Por qué?

🌀 ¿A quién crees que pertenecía el hueso? ¿Puedes describir a la persona o criatura?

🌀 ¿Cuál crees que es la moraleja de esta historia?

¿ANTIGUA O MODERNA?

Material

Ninguno.

Pasos a seguir

◎ Pregunta si ésta es una historia antigua o moderna. La mayoría de los niños dirán que es una historia antigua porque la mujer diminuta llevaba un chal. En otras versiones de la historia la mujer lleva una diminuta cofia.

◎ Pregunta cómo podría ser una versión actual de la historia. Pensadlo conjuntamente. Quizá la mujer diminuta no podía dormir, por lo que apagó su manta eléctrica diminuta, se puso el chándal, se calzó sus diminutas bambas, puso el cerrojo diminuto de su puerta y cogió su diminuta bicicleta para ir a dar una vuelta por el barrio.

MOVIMIENTOS DIMINUTOS

Material

Ninguno.

Pasos a seguir

- Propone a los niños que hagan ver que son una mujer diminuta que hace pasos diminutos, que se levanta de una cama diminuta, que baja la diminuta escalera, etc.

- Anima a los niños a que creen un sonido para el crujir de la puerta principal y de los pasos en casa de la mujer diminuta.

- Vuelve a narrar la historia pero esta vez los niños deben añadir sus efectos especiales y acompañarte en todos los movimientos que hagas.

El Hombre que Llega hasta las Rodillas

EN ESTA NUEVA VERSIÓN DE UN CUENTO AFROAMERICANO, UN HOMBRE BAJITO DECIDE QUE QUIERE SER MÁS ALTO Y, ANTES DE DECIDIR QUE ESTÁ BIEN TAL COMO ESTÁ, PIDE CONSEJO A TRES ANIMALES QUE SON AMIGOS SUYOS.

El Hombre que Llega hasta las Rodillas

El Hombre que Llega hasta las Rodillas era justamente de esta medida, te llegaría a las rodillas. Por este motivo le llamaban El Hombre que Llega hasta las Rodillas. Un día, El Hombre que Llega hasta las Rodillas, mientras se miraba en el espejo decidió que quería ser mayor, más alto y más fuerte. Quería ser un hombre importante.

Permanece de pie y erguido.

El Hombre que Llega hasta las Rodillas se fue a pasear. Caminó calle abajo hasta que vio un caballo, un caballo grande, alto y fuerte que galopaba por el pasto. Pasó gateando bajo la valla, cruzó el pasto y se acercó al caballo. Le dijo: «Señor Caballo, eres muy grande, alto y fuerte. ¿Por favor, me podrías decir qué puedo hacer para ser tan grande, alto y fuerte como tú?».

Relincha como un caballo.

«Bueno, eres más bien bajo, no me llegas ni a las rodillas. Todo lo que necesitas es comer kilos y kilos de trigo, y correr y correr y correr todo el día.»

Y eso es lo que hizo El Hombre que Llega hasta las Rodillas. Comió trigo hasta que tuvo dolor de estómago. Después corrió y corrió hasta que tuvo dolor de piernas, pero no se volvió más grande, ni más alto, ni más fuerte. Lo único que consiguió fue tener dolor de estómago y de piernas. Decidió que el señor Caballo estaba equivocado.

Corre sin moverte del sitio.

El Hombre que Llega hasta las Rodillas salió otro día a pasear y se encontró a un toro que pastaba. Pasó a gatas bajo la valla y caminó hasta que se acercó al toro. Le dijo: «Señor Toro, eres muy grande, alto y fuerte. ¿Por favor, me podrías decir qué puedo hacer para ser tan grande, alto y fuerte como tú?».

Muge como un toro.

«Bueno, eres más bien bajo, no me llegas ni a las rodillas. Todo lo que necesitas es comer mucha hierba, acres y acres de hierba, y mugir, y mugir y mugir todo el día para llegar a ser tan grande, alto y fuerte como yo.»

Y eso es lo que hizo El Hombre que Llega hasta las Rodillas. Comió trigo hasta que tuvo dolor de estómago, mugió, mugió y mugió hasta que le dolió la garganta, pero no se volvió más grande, ni más alto, ni más fuerte. Lo único que consiguió fue tener dolor de estómago y de garganta. Decidió que el señor Toro estaba equivocado.

Entonces, un día, El Hombre que Llega hasta las Rodillas caminó calle abajo. Caminó y caminó buscando a alguien más que le dijera qué debía hacer para volverse más grande, más alto y más fuerte. No vio a nadie a quien poder preguntarle, y ya estaba oscureciendo. Entonces vio al señor Búho Ululato.

Ulula como un búho.

Cuando El Hombre que Llega hasta las Rodillas oyó ulular al señor Búho Ululato, pensó: «Siempre he oído que el señor Búho Ululato es sabio. Le preguntaré».

«Señor Búho Ululato, ¿qué puedo hacer para ser tan grande, fuerte y alto como el señor Caballo y el señor Toro?»

«Hombre que Llega hasta las Rodillas, ¿por qué quieres ser tan grande, fuerte y alto como el señor Caballo y el señor Toro?»

«Quiero ser grande y fuerte para que, si me peleo, nadie pueda vencerme», dijo El Hombre que Llega hasta las Rodillas.

«¿Alguna vez ha intentado alguien pelearse contigo?», preguntó el señor Búho Ululato.

«Bueno, no, ahora que lo pienso nadie ha intentado nunca pelearse conmigo —recordó El Hombre que Llega hasta las Rodillas—. Pero me gustaría ser alto para poder ver hasta más lejos.»

«Trepa a este árbol y ven aquí conmigo —dijo el señor Búho Ululato—, y entonces podrás ver hasta más lejos que el hombre más alto.»

«Bueno, nunca había pensado en ello», dijo El Hombre que Llega hasta las Rodillas.

«Buuuu, buuuu… bueno, he aquí el problema Hombre que Llega hasta las Rodillas, simplemente no piensas. No necesitas ser mayor, ni más fuerte ni más alto, lo único que necesitas es utilizar tu cerebro.»

Sé tú mismo; no envidies a quienes son mayores, más fuertes y más altos que tú.

Consejos para narrar la historia

🌀 Gesticula con las manos para indicar que El Hombre que Llega hasta las Rodillas no llegaba más arriba de las rodillas.

🌀 Enfatiza con tu voz la palabra «grande» diciendo «g-r-a-a-a-n-d-e como eres».

🌀 Intensifica la personalidad del señor Búho Ululato, «ululando (Uhhh…)» cada vez antes de que el búho hable.

Preguntas

🌀 ¿Alguna vez has tratado de hacer algo especial para intentar convertirte en alguien más fuerte, alto o rápido? ¿Qué hiciste?

🌀 ¿Por qué quieres ser más fuerte, alto o rápido?

🌀 En las historias que conoces ¿siempre aparece el búho como alguien sabio? ¿En qué otras historias aparece un búho viejo y sabio?

SI FUERA BAJITO, PODRÍA...

Material

Cinta métrica.

Pasos a seguir

⊚ Ponte de pie y mide cómo serías de alto si sólo llegaras a la altura de tus rodillas.

⊚ Sugiere a los niños que imaginen algunas de las ventajas de ser bajito. Pídeles que piensen en todas las cosas que podrían hacer si sólo llegaran a la altura de tus rodillas. Algunas de estas cosas podrían ser: caminar por debajo de las sillas y las mesas, caber dentro de las maletas, y dormir en los cajones de debajo de la cama.

⊚ Pasa la cinta métrica a cada niño y déjales que midan la distancia que hay desde el suelo hasta sus rodillas.

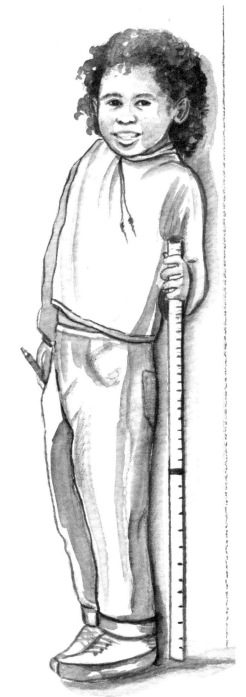

NECESITO, QUIERO

Material

Papel y lápices de colores.

Pasos a seguir

⊚ Conversad sobre la diferencia entre necesitar algo y querer algo.

⊚ Anima a los niños a que recuerden sus vacaciones o su cumpleaños preferidos y que piensen en los regalos que recibieron ¿eran cosas que querían o que necesitaban?

⊚ Pide a los niños que hagan una lista o un dibujo de cosas que quieren y de cosas que necesitan.

La historia del patito feo

ESTA VERSIÓN DE UN CUENTO DE HANS CHRISTIAN ANDERSEN TRATA SOBRE UN PATITO FEO QUE, DESPUÉS DE QUE LE RIDICULIZARAN Y LE RECHAZARAN, CRECIÓ Y SE CONVIRTIÓ EN UN HERMOSO CISNE ADMIRADO POR TODOS.

En el campo hacía un día precioso. Los

pastos estaban verdes y la hierba crecida. Todo el pasto era un gran bosque repleto de árboles altos y majestuosos. En el interior del bosque había un lago de color verde oscuro. En un lugar muy tranquilo, en el interior del bosque, había una mamá pato sentada sobre su nido de huevos. Había estado sentada sobre el nido durante mucho, mucho tiempo. Estaba muy cansada y deseaba que sus patitos rompieran pronto la cáscara.

Después de unas semanas de espera, un huevo empezó a partirse. «Cuac, cuac», decía el patito mientras empujaba con su cabeza la cáscara del huevo. Después se partió otro huevo, y después otro y otro. Los patitos picotearon su salida y empezaron a piar. Empezaron a mirar alrededor del nido mientras decían: «¡Qué grande es el mundo!».

Sonríe y pon cara de orgullo.

Mamá pato estaba muy contenta con los preciosos patitos que había traído al mundo. Empezó a salir del nido para enseñarles su enorme y precioso mundo. Justo en el momento en que se disponía a salir del nido, se dio cuenta de que el huevo más grande de su nido todavía no se había partido. Se preguntó: «¿Cuánto tiempo más va a necesitar este huevo tan grande?». Entonces se sentó sobre el huevo y siguió dándole calor para que también se partiera.

Finalmente, después de algunas semanas más, el huevo grande empezó a partirse. «Cuac, cuac», dijo el último patito. Apartó la cáscara y empujó hasta que pudo salir de ella.

Pon cara de confusión.

Mamá pato miró al polluelo y dijo: «Qué grande y feo es. No se parece a ninguno de mis otros patitos».

Al día siguiente mamá pato llevó a su familia al lago. Mamá pato se remojaba en la clara y fresca agua del lago y llamaba a los patitos para que fueran con ella: «Cuac, cuac». Uno a uno, los patitos se metieron en el lago, bucearon y después salieron a la superficie. Sus patitas chapoteaban mientras nadaban por el lago en fila detrás de su madre. El patito gris y grande seguía a los demás desde el final de la cola.

Haz «cuac, cuac, cuac» animadamente.

La mamá y los patitos nadaron hasta el lugar donde vivían otros patos. Cuando los otros patos vieron a la nueva mamá y a los patitos, dijeron: «Tienes una magnífica familia y los patitos son preciosos. Todos excepto el más grande, que es muy feo». Los otros patos empezaron a graznar con fuerza. «¡Qué feo es ese patito enorme! No podemos soportarlo.» Los patos mayores empezaron a volar hacia él y a picotearle el cuello y la cabeza.

Haz «cuac, cuac» y habla en un tono de voz elevado.

«Dejadle en paz, no está haciendo daño a nadie», dijo mamá pato. Pero los patos no la escuchaban y continuaban dando picotazos al enorme patito feo. Le ponían motes y no paraban de decirle lo horroroso que era.

Las cosas cada día iban de mal en peor para el patito grande. Los demás patos le perseguían, las gallinas le daban picotazos, e incluso la niñita que llevaba comida a los animales le daba empujones apartándole de su lado. Era demasiado para el pobre patito feo. No podía soportar las duras palabras de los patos. Hasta sus hermanos y hermanas le decían que era feo. Se escapó y se escondió en el seto que había al borde del estanque, donde nadie pudiera ver lo feo que era. En la zona pantanosa se encontró con algunos patos salvajes. Le preguntaron: «¿Qué clase de criatura eres? Eres terriblemente feo». Después de algunos días, decidió irse a otro lugar.

Simula que eres el patito feo y que estás triste.

En las afueras del bosque el patito feo encontró una vieja casa de campo. Allí vivía una viejecita, con un gato que podía arquear su lomo y una gallina que ponía huevos. Cuando la viejecita vio al patito grande, dijo: «¿De qué planeta eres? ¡Eres increíblemente grande y

Mueve la cabeza mostrando incredulidad y muéstrate sorprendido.

feo!». La viejecita decidió dejar al patito feo que se quedara tres semanas en su casa, para ver si podía poner huevos. El patito grande se sentó en un rincón de la fría y oscura casa, pensando en el aire fresco del lago y en cómo brillaba el sol allí. Aquel lugar era demasiado triste, por lo que el patito se fue de la casa de campo y regresó al lago.

El invierno había llegado al lago y el agua se había vuelto muy, muy, fría. El patito feo flotaba sobre el agua y escondía su cabeza en la fresca neblina. El cielo se oscureció y el viento soplaba frío. Empezó a nevar y a granizar, y la nieve y el granizo cubrieron al pobre patito que estaba nadando en el lago. El patito feo nadaba en círculos para evitar que la nieve se congelara sobre él. Se cansó tanto que no pudo continuar nadando. Tardó poco en quedarse congelado, incapaz de moverse. Un granjero vio al patito feo congelado en el estanque. Le arrancó la capa de hielo que le cubría y se lo llevó a casa para cuidarle. Cuando la mujer del granjero vio al patito, gritó y le tiró una cazuela por ser un patito tan grande y tan feo. Los niños le perseguían y le decían lo feo que era. Afortunadamente, la puerta trasera de la casa estaba abierta y el patito pudo escapar metiéndose entre los arbustos hasta que cayó exhausto. Fue un invierno horrible para el patito, ya que tuvo que intentar sobrevivir por sus propios medios en la inmensidad de una zona pantanosa.

Muévete en círculos y luego siéntate, como si no te pudieras mover.

Un buen día, el sol empezó a brillar y empezó a hacer más calor. Los pájaros empezaron a cantar. La hierba del pantano cada vez estaba más verde. Una hermosa primavera había llegado al lago y a los pantanos en los que el patito se había estado escondiendo durante todo el invierno. El patito feo sintió la calidez del sol y oyó el canto de los pájaros. Se zambuyó en la cálida agua del lago.

Una bandada de hermosos pájaros blancos estaba sobrevolando el pantano. Eran impresionantes, con sus cuellos largos y sus amplias y poderosas alas. Con mucha gracia, los hermosos pájaros volaban formando círculos sobre el lago y aterrizaban majestuosamente sobre sus apacibles aguas. El patito miraba a los hermosos pájaros y admiraba sus largos cuellos y sus plumas blancas como la nieve. El patito quería acercarse nadando hasta los hermosos pájaros pero tenía miedo: «Soy tan feo que no querrán que me acerque a ellos, me darán picotazos y me insultarán». Pero de algún modo parecía sentirse atraído por esos pájaros, por lo que empezó a nadar en dirección hacia ellos.

Mientras nadaba, miró el agua que tenía debajo y se vio reflejado en ella. Se vio a sí mismo en la clara agua del lago. Ya no era un patito feo de color gris oscuro; se había convertido en un hermoso cisne blanco. Los hermosos cisnes grandes nadaban en círculos a su alrededor. Le acariciaban el cuello con el pico. Estaban muy contentos de verle. Algunos niños que había en el parque vieron a los cisnes. Gritaron: «¡Ha venido un cisne nuevo!». Le echaban pan mientras decían: «El cisne nuevo es el más bonito, es muy fuerte y muy guapo».

El cisne agitó sus plumas, estiró su esbelto cuello y dijo: «Cuando era el patito feo, nunca soñé con llegar a ser tan feliz».

Estira el cuello y acaríciate las «plumas».

No te burles de los demás.

Consejos para narrar la historia

🌀 Muéstrate sensible a los sentimientos y edades de los niños pequeños que tengas como audiencia. Es esencial que los niños comprendan que los personajes de la historia pensaban que el pequeño patito era feo, simplemente porque tenía un aspecto distinto al de los otros patos. Ten cuidado de no humillar ni ridiculizar demasiado al patito. Observa las reacciones de los niños y adapta la explicación de la historia de manera que los sentimientos que surjan no sean demasiado intensos.

🌀 Inventa una forma distintiva de decir «feo» de forma que la palabra suene realmente «fea». Utiliza la misma entonación cada vez que mamá pato, los otros patos y la gente digan esa palabra. La palabra «hermoso» también aparece muchas veces en los últimos fragmentos de la historia. Utiliza una entonación poética cada vez que digas esta palabra en la narración de la historia. Recuerda que los niños pequeños, después de haber escuchado la historia, utilizarán estas palabras en sus conversaciones y juegos, demostrando de este modo cómo se expande su vocabulario.

🌀 Ésta es una historia larga que incluye muchos escenarios distintos. Es más adecuada para niños que ya hayan escuchado algunas historias más. Por el hecho de que cada fragmento sea importante para la comprensión de la historia completa, acortar el contenido de la narración no es una buena idea. Es preferible esperar a que los niños estén preparados para escuchar una historia larga.

Preguntas

🌀 ¿Cómo crees que se sentía el patito feo cuando todos los otros patos se reían de él?

🌀 ¿Cómo eran los cisnes? ¿Cómo supo el patito feo que él también era un cisne?

🌀 ¿Cómo crees que se sentiría el patito feo respecto a otros «patitos feos» que viera? ¿Cómo crees que les trataría?

SIMILITUDES Y DIFERENCIAS

Material

Un libro que incluya imágenes de crías y de animales adultos. Intenta encontrar uno que incluya dibujos de cisnes y patos.

Pasos a seguir

◉ Lee el libro y comenta las imágenes que aparecen en él.

◉ Indica en qué aspectos son similares una cría y un animal adulto, y en cuáles son distintos.

◉ Una excursión al zoo o una visita a un estanque en el que haya patos podrían ser un buen complemento a esta historia.

CRECIENDO DÍA A DÍA

Material

Fotografías de niños muy pequeños, y fotografías de niños de la edad que tengan ahora los que han escuchado la historia.

Pasos a seguir

◎ Observad las fotografías de los niños más pequeños. Conversad sobre cómo son los niños pequeños y sobre qué cosas pueden hacer.

◎ Observad las fotografías de los niños mayores. ¿Qué pueden hacer los niños mayores?

◎ Agrupad las fotografías según las categorías niño pequeño o niño mayor. Conversad sobre las similitudes y las diferencias entre los dos grupos.

2

Utiliza tu ingenio

Los tres Cabritos

ESTA NUEVA VERSIÓN DE UN CUENTO
TRADICIONAL NORUEGO TRATA SOBRE
CÓMO SE LAS INGENIA UN PEQUEÑO
CABRITO PARA BURLAR A UN DUENDE
HURAÑO QUE VIVE BAJO UN PUENTE.

Érase una vez tres cabritos que se apellidaban Bruto.

Eran tres hermanos y se llamaban: Pequeño Cabrito Bruto, Mediano Cabrito Bruto y Mayor Cabrito Bruto. Pastaban en la abundante y verde hierba que crecía en el valle cercano a su casa. A menudo, Mediano Cabrito y Mayor Cabrito advertían a Pequeño Cabrito que no paseara lejos de casa.

«No cruces el puente. Bajo el puente vive un viejo duende huraño. Se come a los cabritos pequeños.»

Pequeño Cabrito, que era un hermano pequeño muy obediente, siempre seguía el consejo de Mediano Cabrito y de Mayor Cabrito. Pero un día pastó por toda la verde hierba del valle que tenía al lado de su casa. Fue mordisqueando la hierba hasta llegar justo al borde del puente de madera.

Cuando miró al otro lado del puente, vio que en el otro extremo había una colina cubierta de hierba, de una hierba muy y muy verde. Dijo: «Si pudiera pastar en esa hierba tan y tan verde, crecería y me volvería tan grande y fuerte como mi hermano mediano, incluso podría volverme tan grande y fuerte como mi hermano mayor». Miró con anhelo hacia aquella colina y echó un vistazo bajo el puente. Como que no vio al duende, decidió cruzar el puente. Trip-trap, trip-trap, trip-trap, Pequeño Cabrito Bruto pasaba trotando por el puente de madera. De repente, oyó al duende que decía: «¿Quién está trotando por mi puente?».

«Soy Pequeño Cabrito Bruto.»

El duende contestó: «Pequeño Cabrito Bruto, me encanta comer cabritos pequeños y... ¡te voy a comer!».

Pequeño Cabrito Bruto, que era un pequeño cabrito muy listo, respondió: «Oh, señor duende, no me coma. Sólo soy un pequeño ca-

Utiliza un tono de voz agudo cada vez que hable Pequeño Cabrito.

Pon un tono de voz fuerte cada vez que hable el duende.

britillo. Espere a que venga mi hermano, que es mucho más grande que yo, entonces tendrá más comida».

El duende, pensando en lo fantástico que sería disfrutar de un gran manjar de cabrito, respondió: «Pero... ¿cómo sabes que tu hermano vendrá a mi puente?».

«Señor duende, cuando mi hermano no me encuentre, vendrá a buscarme. Cuando me vea comiendo la hierba tan y tan verde que hay al otro lado de este puente, vendrá a recogerme para volver a casa.» El señor duende decidió esperar mientras Pequeño Cabrito Bruto trotaba, trotaba y trotaba a lo largo del puente de madera y subía la colina hacia la hierba tan y tan verde que había al otro lado.

Ponte la mano en la frente, como mirando a lo lejos.

Al cabo de un rato, Mediano Cabrito Bruto descubrió a su hermano comiéndose la hierba tan y tan verde al otro lado del puente. Decidió ir a buscar a su hermano pequeño para llevarle a casa. Trip-trap, trip-trap, trip-trap, Mediano Cabrito Bruto empezó a trotar por el puente de madera. De repente, oyó al duende viejo y huraño que decía: «¿Quién está trotando por mi puente?».

Pon un tono de voz alto y profundo cada vez que hable Mediano Cabrito Bruto.

«Soy Mediano Cabrito Bruto.»

El duende gruñó: «Mediano Cabrito Bruto, me encanta comer cabritos medianos y... ¡te voy a comer!».

Mediano Cabrito Bruto, que era un cabrito mediano muy listo, respondió: «Oh, señor duende, no me coma. Sólo soy un cabrito mediano. Espere a que venga mi hermano, que es mucho más grande que yo, entonces tendrá más comida».

El duende, pensando en lo fantástico que sería disfrutar de un gran manjar de cabrito, respondió: «Pero... ¿cómo sabes que tu hermano vendrá a mi puente?».

«Señor duende, cuando mi hermano no me encuentre, vendrá a buscarme. Cuando me vea comiendo la hierba tan y tan verde que hay al otro lado de este puente, vendrá a recogerme para volver a casa.»

Entonces, el señor duende esperó mientras Mediano Cabrito Bruto trotaba, trotaba y trotaba a lo largo del puente de madera y subía la colina para encontrarse con su hermano pequeño y comer la hierba tan y tan verde que había al otro lado del puente.

Al cabo de un rato, Mayor Cabrito Bruto descubrió a sus hermanos comiéndose la hierba tan y tan verde al otro lado del puente y decidió ir a buscarles para llevarles a casa. Trip-trap, trip-trap, trip-trap, Mayor Cabrito Bruto empezó a trotar por el puente de madera. Como era de esperar, el duende dijo gruñendo: «¿Quién está trotando por mi puente?».

«Soy Mayor Cabrito Bruto.»

Pon un tono de voz muy alto y muy profundo cada vez que hable Mayor Cabrito Bruto.

El duende gruñó: «Mayor Cabrito Bruto, me encanta comer cabritos grandes y... ¡te voy a comer!».

Mayor Cabrito Bruto, que era un cabrito muy grande y que pensaba muy rápido, respondió: «Oh, señor duende, no me coma. Acérquese y vea lo enorme que soy y lo dura que debe de estar mi carne».

Mira a la lejanía.

El viejo duende huraño avanzó lentamente hacia la orilla del riachuelo y llegó hasta el borde del puente. Mayor Cabrito Bruto permaneció con la cabeza baja en mitad del puente de madera. Cuando el duende llegó hasta él, el cabrito le dio tal cabezazo que salió volando por los aires y fue a parar lejos, lejos... río abajo. Cuando aterrizó, se escapó a otro puente y a otra colina.

Desde aquel día, los tres Cabritos Brutos cruzan a diario el puente de madera para pastar en la hierba tan y tan verde de la ladera. Ahora mismo les oigo cruzando el puente.

Trip-trap, trip-trap, trip-trap. Trip-trap, trip-trap, trip-trap. Trip-trap, trip-trap, trip-trap.

No dejes que los demás te intimiden.

UTILIZA TU INGENIO

Consejos para narrar la historia

🌀 Pon un tono de voz agudo cada vez que hable el cabrito pequeño, un tono de voz más elevado y profundo cuando hable el cabrito mediano y un tono de voz muy profundo y muy elevado cuando hable el cabrito mayor.

🌀 Cada vez que hable el duende, utiliza expresiones faciales y gestos característicos.

🌀 Anima a tus oyentes a que vayan haciendo el sonido de totar (trip-trap, trip-trap…) mientras narras la historia.

🌀 Cuando representes el trote de los tres cabritos, experimenta con distintos efectos de sonido. Por ejemplo, en el caso del cabrito pequeño puedes golpear ligeramente las puntas de los dedos entre sí, para representar el trote del cabrito mediano puedes darte palmaditas en las rodillas, y en el caso del cabrito mayor puedes darte palmadas más fuertes en los muslos.

🌀 Invita a tu audiencia a dar golpecitos con los nudillos sobre algo de madera, para imitar el sonido de trotar sobre el puente de madera.

Preguntas

🌀 ¿En alguna ocasión te han intimidado? ¿Qué sucedió?

🌀 ¿Crees que la frase: «La hierba es siempre más verde en el otro lado» se podría aplicar a esta historia? ¿Qué crees que significa esta frase?

🌀 ¿De qué otras formas podrían haber burlado los cabritos al duende?

¡MOLDÉALO!

Material

Plastilina, cuchillos de plástico, fichas grandes de cartulina, rotulador.

Pasos a seguir

◎ Conversad sobre el duende y sobre qué aspecto de tonto debía de tener.

◎ Invita a cada niño a que modele con plastilina un personaje de la historia.

◎ Haz una demostración sobre cómo utilizar el cuchillo de plástico para hacer formas en la plastilina.

◎ Dobla las fichas de cartulina por la mitad. Escribe «figura hecha por» y el nombre de cada niño en una ficha.

◎ Expón las figuras de plastilina de los machos cabríos y del duende en un lugar muy visible para que todo el mundo pueda admirarlas.

TROTAR

Material

Una mesa de madera robusta y baja.

Pasos a seguir

◎ Los niños deciden qué papel de la historia quieren representar.

◎ Proporciona una mesa de madera que sea robusta y baja, para utilizarla como si fuera el puente.

◎ Decidid cómo hacer los sonidos de trote. Podéis hacerlos dando golpecitos con los nudillos en la mesa de madera, diciendo las palabras en voz alta, golpeando ligeramente las puntas de los dedos entre sí, o dando palmaditas en las rodillas o en los muslos.

◎ El narrador podría sentarse bajo la mesa, contando la historia y haciendo ver que es el duende viejo y huraño.

◎ Haced turnos, de manera que al final cada uno haya representado el papel de los tres cabritos (los niños más pequeños o más bajitos no tienen que representar siempre el papel del cabrito pequeño).

EN BUSCA DE TRÍOS

Material

Juegos de tres objetos cotidianos
que sean de distintos tamaños
(tazas, platos, cuencos, hojas de
papel, lápices, lápices de colores,
coches de juguete, libros,
muñecas, animales de peluche...).
Una mesa grande.

Pasos a seguir

⊚ Conversad sobre los tamaños
de los tres cabritos de la
historia.

⊚ Mezclad todos los objetos y
colocadlos sobre una mesa
grande.

⊚ Anima a los niños a que seleccionen un objeto, encuentren los otros dos de su misma
clase y los ordenen según su tamaño.

⊚ Complica un poco más la actividad haciendo grupos de dos objetos distintos pero del
mismo tamaño y después reagrupándolos en juegos de tres. Por ejemplo, el juego podría
constar de una hoja de papel pequeña y un lápiz corto, seguido de una hoja de papel
mediana y un lápiz de tamaño medio, seguido de una hoja de papel enorme y un lápiz
largo.

La liebre y la tortuga

EN ESTA ADAPTACIÓN DE LA CLÁSICA FÁBULA
DE ESOPO, UNA LIEBRE MUY RÁPIDA RETA A
UNA CARRERA A UNA TORTUGA MUY LENTA
PERO PIERDE LA CARRERA CUANDO PARA
A HACER LA SIESTA.

Érase una vez una liebre muy orgullosa.

Se consideraba a sí misma la mejor liebre del mundo. Se enorgullecía de lo rápido que podía correr. Sus patas traseras eran muy fuertes y hacían que pudiera correr como el viento. Nunca dejaba escapar la oportunidad de demostrar su habilidad a sus amigos y de recordarles lo rápido que podía correr.

Simula que corres.

Un día fanfarroneaba ante sus amistades, mostrándoles lo rápido que podía correr. Mientras corría, saltó sobre un caparazón que había en mitad del camino. Del caparazón salieron lentamente una cabeza y unas patitas y el caparazón empezó a avanzar por el camino. La liebre se dio cuenta de que era una tortuga la que se arrastraba con lentitud por aquel camino.

«Qué criatura tan lenta eres —dijo la liebre a la tortuga—. Eres tan lenta... No sé ni por qué te molestas en moverte.» La liebre reía de la broma que ella misma había hecho sobre la tortuga.

Con toda tranquilidad, la tortuga miró a la liebre y dijo: «Cada animal se mueve a su propio ritmo. Quizá avanzo lentamente, pero llego a donde quiero ir. De hecho, podría llegar allí antes que tú, aunque tú seas más rápida».

Sujétate la barriga y simula que ríes.

La liebre pensó que era divertido. No podía parar de reír ante la idea de una tortuga que pretendía ser más rápida que ella. «Qué tontería —dijo la liebre—. ¿Cómo podrías ser más rápida que yo? Yo puedo correr a la velocidad del viento y tú te arrastras tan lentamente que es difícil percibir que te estés moviendo. ¿Más rápida que yo? Me gustaría verlo.»

Así que la liebre retó a la tortuga a una carrera para poder ver cuál de las dos era realmente la más rápida. Fijaron la carrera para el día siguiente. Todos fueron a ver la carrera entre la liebre veloz y la lenta tortuga.

El zorro inició la cuenta atrás para el inicio de la carrera: «Cinco, cuatro, tres, dos, uno... ¡cero!». La liebre dio un salto y desapareció de la vista de todos. La tortuga levantaba con lentitud una patita después de otra sin dejar de apartar la vista del camino sinuoso que tenía frente a ella. La liebre avanzaba a toda velocidad por el camino. Cada vez que veía a la muchedumbre observando la carrera a ambos lados del camino, se daba la vuelta y les lanzaba un saludo con la mano. Quería que supieran lo rápido que podía correr. Mucho más atrás, en la lejanía, se veía a la tortuga levantando con lentitud una patita después de otra, sin dejar de apartar la vista del camino que tenía frente a ella.

Saluda con la mano.

En poco tiempo, la liebre veloz llegó a una señal que había en el camino. La señal indicaba que ya había corrido la mitad de la distancia de la carrera. A la tortuga, ni se la veía.

La liebre pensó: «Le llevo tanta ventaja y esa tortuga es tan lenta que seguro que está a muchos kilómetros detrás de mí. Falta mucho tiempo para que esa tortuga calmosa llegue hasta aquí. Creo que me voy a tumbar un rato a descansar bajo el calor del sol. Tendré tiempo de sobra para ganar la carrera cuando me despierte».

Estírate, bosteza y cierra los ojos.

Entretanto, mucho más atrás, la tortuga no se detenía, seguía arrastrándose y avanzando con lentitud por el camino. Con mucha decisión, movía primero una patita y después la otra, sin apartar la vista del camino en ningún momento. El día pasaba y la liebre seguía dur-

Mueve los brazos y las piernas lenta y decididamente.

miendo. La tortuga, lenta pero constante, seguía avanzando. No paraba a descansar. Se movía lentamente por el camino. Finalmente la tortuga, lenta pero constante, adelantó a la liebre que seguía durmiendo a un lado del camino. La liebre estaba durmiendo tan profundamente que no oyó cómo le adelantaba la tortuga. Cuando al fin la liebre se despertó de su larga siesta, miró hacia atrás para saber adónde estaba la tortuga. No la vio y se dijo: «Esa tortuga es más lenta de lo que pensaba. No llegará a la meta hasta pasada medianoche».

**Abre la boca
simulando sorpresa.**

La liebre estiró las patas y regresó al camino para continuar con la carrera. Avanzó a toda velocidad por el camino y por la colina. Entonces vio la imagen más asombrosa que podía imaginar: en la meta final estaba la tortuga. Cuando la tortuga rompió la cinta de la meta, la multitud la aclamó con alegría y la declararon ganadora oficial de la carrera. A la liebre le faltaba la respiración y la tortuga sonreía. «¿Cómo, cuándo, dónde?», balbuceaba la liebre.

La tortuga le dijo: «Te adelanté mientras dormías. Quizá soy lenta, pero no aparto la vista del objetivo. Siendo lenta pero constante, gané la carrera».

No apartes la vista del objetivo y sigue adelante.

Consejos para narrar la historia

🌀 Exprésate de forma rítmica y rápida cuando hable la liebre, y con mucha calma cuando hable la tortuga, así enfatizarás la diferencia entre la liebre veloz y la lenta tortuga. Practica el uso de estas técnicas de modo que sirvan para mejorar la explicación de la historia y no distraigan la atención de la audiencia.

🌀 Cuando expliques la historia a niños pequeños, no la compliques añadiendo muchos detalles. Cuando la expliques a niños mayores o a niños que ya la sepan, añade más detalles sobre las experiencias de la liebre cuando corre tan rápido.

🌀 Añade efectos especiales de sonido. Por ejemplo, el sonido de la tortuga arrastrándose lo puedes simular rascándote suavemente la pierna con la punta de los dedos; cuando la liebre corra, da palmadas a toda velocidad; el clamor de la multitud lo puedes enfatizar con aplausos. Pide a tus oyentes que sugieran otros efectos de sonido.

Preguntas

🌀 ¿Qué tipo de cosas hacía la liebre que indican lo orgullosa que estaba de su habilidad corriendo?

🌀 ¿Cómo ganó la carrera la tortuga?

🌀 Si participaras en una carrera ¿cómo te gustaría correr, como la liebre o como la tortuga?

¡CUÉNTALO OTRA VEZ!

Material

Ninguno.

Pasos a seguir

⊚ Vuelve a contar la historia. Si los niños aún están interesados, puedes repetir de nuevo la narración inmediatamente después de haberla relatado por primera vez, o puedes volver a contársela otro día. Con mucha frecuencia son los propios niños los que dicen: «¡Cuéntala otra vez!» al final de una historia. El hecho de volver a contar la historia ayuda a los niños a clarificar su comprensión de los acontecimientos o de los personajes.

⊚ Repasad la historia. Conversad sobre qué sucedió primero y qué sucedió después, de modo que la secuencia de los acontecimientos sea clara. Hablad sobre cómo empieza y cómo acaba la historia. Éstos son dos elementos que los niños más pequeños suelen utilizar con frecuencia al volver a narrar una historia.

⊚ Pide a los niños que te cuenten la historia y no juzgues la forma como lo hagan. En estas experiencias iniciales, el objetivo es que el niño gane confianza en su habilidad como narrador de historias, no que consiga recordar con exactitud cada detalle de la narración original. Demuéstrales que disfrutas con su forma particular de contar la historia. No te preocupes si un niño no quiere narrar la historia en situación de grupo, anímale a que se la cuente a un amigo o a su animal de peluche preferido. Sucede con frecuencia que un niño que se negaba a contar una historia se la cuenta más tarde a su osito de peluche; es una forma segura de iniciarse como narrador de historias.

AVANZANDO POR EL CAMINO

Material

Ninguno.

Pasos a seguir

◎ Conversad sobre cómo se mueve
   la liebre y sobre cómo se
   mueve la tortuga.

◎ Muévete como una liebre o
   como una tortuga.

◎ Conversad sobre cómo se mueven de forma distinta.

◎ Haced turnos, de manera que todos tengan la oportunidad de moverse de las dos
   maneras.

Sopa de clavo

ESTA HISTORIA ESTÁ BASADA EN UN
CUENTO TRADICIONAL DE
CHECOSLOVAQUIA EN EL QUE UN
VAGABUNDO ENREDA A UNA MUJER
PARA QUE HAGA SOPA CON UN CLAVO.

Érase una vez un vagabundo que andaba por un camino solitario cargando a hombros sus pertenencias envueltas en un pedazo de ropa vieja. Cuando ya era casi de noche, el vagabundo vio al borde del bosque una casita de campo. La casita daba una agradable sensación de calidez al reflejarse en sus ventanas el sol del atardecer.

Simula que vas cargado como el vagabundo.

El vagabundo anduvo hasta la casita y llamó a la puerta. Una viejecita abrió la puerta y dijo frunciendo el ceño: «No me pida comida porque no tengo».

El vagabundo vio el fuego que ardía en la chimenea y le preguntó a la viejecita si podía sentarse cerca de la chimenea para entrar en calor. La viejecita le respondió: «Claro que sí. Supongo que no habrá ningún problema. El fuego arde igual para uno que para dos».

Así que el vagabundo dejó su fardo en un rincón y se sentó en un taburete al calor del fuego. Al poco rato su estómago empezó a rugir. Estaba muy hambriento pero la viejecita dijo: «No tengo comida».

El vagabundo cogió un clavo que tenía en el bolsillo y lo sostuvo a la luz de las llamas como si lo admirara. «¿Para qué quiere ese clavo?», preguntó la viejecita.

Simula que sujetas un clavo.

«Bueno, señora, le parecerá increíble, pero ayer por la noche comí la mejor sopa que nunca he comido, y el ingrediente principal era este clavo.»

«¿Sopa de clavo? ¿Sopa de clavo? ¡Eso es ridículo!» La mujer se burlaba de semejante idea, pero sentía mucha curiosidad.

«Sí señora, es verdad. Cocí este clavo en una olla de agua hirviendo y el resultado fue delicioso», le aseguró.

«¿Delicioso? ¿Delicioso? ¿Cómo puede hacer una sopa deliciosa con un clavo? Tengo que ver cómo lo hace», dijo la viejecita mientras iba a buscar una olla para hervir agua.

La viejecita le dio una olla grande al vagabundo, quien la llenó de agua hasta la mitad y la puso en el hornillo a calentar. Después destapó la olla y echó el clavo dentro. Con mucho ceremonial volvió a tapar la olla y regresó a su taburete al lado del fuego.

El vagabundo esperó pacientemente. Cuando oyó que el agua hervía destapó la olla. «Sopa de clavo, deliciosa sopa de clavo. Señora, cuando hice esta sopa ayer por la noche lo único que le faltaba era un poco de sal y de pimienta; supongo que no tiene sal y pimienta, ¿o sí? A la sopa que preparé anoche sólo le hacía falta un poco de sal y de pimienta para ser perfecta.»

Simula que destapas la olla y que hueles el aroma de la sopa.

«¿Sal y pimienta? Creo que queda un poco de sal y de pimienta en este armario vacío», dijo.

Haz ver que agitas los botes de sal y de pimienta.

El vagabundo añadió ceremoniosamente la sal y la pimienta dentro del agua que burbujeaba con el clavo. Volvió a tapar la gran olla de sopa y regresó a su taburete junto al fuego.

La viejecita, intrigada por la sopa de clavo, destapó la olla para mirar en su interior. Justo cuando la mujer destapaba la olla, el vagabundo le preguntó: «Señora, ¿no tendría media cebolla para añadir a la deliciosa sopa de clavo? A la sopa que preparé anoche sólo le hacía falta media cebolla para ser perfecta».

«¿Media cebolla? Creo que queda media cebolla en este armario», dijo. Cuando la viejecita abrió la puerta del armario y cogió la cebolla, el vagabundo vio otras verduras sobre las estanterías del armario, pero hizo ver que no se daba cuenta y dijo: «Sí, esta media cebolla hará que la sopa sea deliciosa». Dejó caer la cebolla dentro de la olla de agua hirviendo con la sal, la pimienta y un clavo reluciente.

Cuando la cebolla se coció y toda la casa se impregnó de su aroma, la viejecita destapó la olla para mirar en su interior. Justo cuando la mujer destapaba la olla, el vagabundo le preguntó: «Señora, ¿no tendría algunas zanahorias para añadir a esta deliciosa sopa de clavo? A la sopa que preparé anoche sólo le hacían falta algunas zanahorias para ser perfecta».

Simula que hueles una sopa deliciosa.

«¿Algunas zanahorias? Creo que quedan algunas zanahorias en este armario», dijo. Mientras la viejecita iba al armario, abría la puerta y cogía las zanahorias, el vagabundo vio otras verduras. De nuevo, hizo ver que no se daba cuenta y dijo: «Sí, estas zanahorias harán que la sopa sea deliciosa».

Dejó caer las zanahorias dentro de la olla de agua hirviendo con media cebolla, sal y pimienta, y un clavo reluciente.

Anima a los niños a que repitan «un clavo reluciente».

El vagabundo volvió a sentarse en su taburete al lado de la chimenea. La viejecita, que ya empezaba a estar hambrienta, fue a comprobar cómo estaba la sopa. Justo cuando la mujer destapaba la olla, el vagabundo le preguntó: «Señora, ¿no tendría unas patatitas para añadir a esta deliciosa sopa de clavo? A la sopa que preparé anoche sólo le hacían falta algunas patatitas para ser perfecta».

«¿Unas patatitas? Creo que quedan algunas en este armario», dijo. Fue al armario, abrió la puerta, cogió las patatas, las lavó, las troceó y se las llevó al vagabundo. El vagabundo dijo con naturalidad: «Sí, unas patatas harán que la sopa sea deliciosa». Sumergió las patatas en la olla de agua hirviendo con algunas zanahorias, media cebolla, sal y pimienta, y un clavo reluciente.

Simula que troceas las patatas.

El vagabundo volvió a su taburete al lado de la chimenea. Para entonces la viejecita ya tenía un hambre feroz. Fue a comprobar cómo estaba la sopa. Justo cuando la mujer destapaba la olla, el vagabundo le preguntó: «Señora, ¿no tendría una col, aunque sólo sea una col pequeña para añadir a esta deliciosa sopa de clavo? A la sopa que preparé anoche sólo le hacía falta una col para ser perfecta».

«¿Una col pequeña? Creo que queda una pequeña col en este armario», dijo. Fue al armario, abrió la puerta, cogió una col que tenía en un rincón y se la llevó al vagabundo. El vagabundo dijo con naturalidad:

«Sí, una pequeña col hará que la sopa sea deliciosa.» Mondó la col y la echó en la olla de agua hirviendo con las patatas, algunas zanahorias, media cebolla, sal y pimienta, y un clavo reluciente.

Simula que hueles el delicioso aroma de la sopa (hummm...).

El vagabundo volvió a su taburete al lado de la chimenea. Para entonces la sopa ya estaba hirviendo completamente y en ella se cocían deliciosas verduras. El vagabundo sugirió a la viejecita que removiera la sopa y oliera su delicioso aroma. Aunque la viejecita estuvo de acuerdo en que la sopa desprendía un delicioso aroma, dijo: «Sólo necesitamos añadirle un poco de carne para que salga perfecta».

La viejecita cogió un poco de rosbif que tenía cocinado, lo cortó en pequeños trozos y dijo: «Sí, un poco de rosbif hará que la sopa sea perfecta». Echó el rosbif en la olla de agua hirviendo con la col, las patatas, algunas zanahorias, media cebolla, sal y pimienta, y un clavo reluciente.

Levanta un dedo.

La viejecita y el vagabundo volvieron a sentarse al calor del fuego. Al poco rato, la viejecita preguntó: «¿Comemos? Parece que la sopa ya está lista». El vagabundo miró a su alrededor y vio un precioso mantel que la señora había bordado y al que le estaba dando algunas puntadas finales, un candelabro sobre la repisa de la chimenea y dos cuencos preciosos que estaban sobre una estantería.

Pasea la mirada en derredor.

«Señora —dijo—, con el exquisito rosbif que ha añadido, esta deliciosa sopa es propia de un rey y una reina. ¿Ponemos, pues, una mesa propia de la realeza?»

Con una sonrisa en la cara, la viejecita colocó el precioso mantel en la tosca mesa de la cocina, cogió el candelabro de la repisa de la chimenea, y de un cajón sacó unas preciosas cucharas de plata. Cogió los dos bonitos cuencos que estaban sobre una estantería y los llenó de la deliciosa sopa que habían preparado.

El vagabundo contempló la disposición de la mesa propia de un rey y una reina, y dijo: «Señora, la sopa que preparé anoche habría sido perfecta si hubiera tenido una barra de pan para acompañarla».

Haz un gesto de admiración al contemplar la mesa.

«¿Una barra de pan? Puedo mirar en la bolsa del pan a ver si queda un mendrugo» Fue a la bolsa del pan y la abrió. Allí encontró una barra de pan que tenía tan buen aspecto que parecía del día.

El vagabundo juntó ambas manos y afirmó: «Querida señora, será todo un honor compartir mi deliciosa sopa de clavo con usted».

Se sentaron en la encantadora mesa que habían preparado, comieron la deliciosa sopa de clavo y hablaron de los muchos viajes que el vagabundo había hecho por todo el país. Aunque fue una noche muy agradable, la viejecita, que ya había entrado en calor con la sopa y que estaba cansada de haber estado arreglando el jardín, decidió que ya era hora de ir a dormir e invitó al vagabundo a quedarse a dormir frente al calor de la chimenea.

Bosteza y cierra los ojos.

A la mañana siguiente comieron otro plato de sopa para desayunar. La viejecita dijo: «No recuerdo haber disfrutado nunca de una cena tan agradable ni haber comido nunca un plato de sopa mejor que el de anoche».

Cuando el vagabundo ya se levantaba para irse, la viejecita le dijo: «Gracias por enseñarme cómo se hace una sopa de clavo».

«No, no, gracias a usted —dijo el vagabundo—, ¡fue todo lo que usted le añadió lo que hizo que saliera tan buena!»

Mientras el vagabundo se alejaba, la viejecita se quedó en la puerta de su casa con una sonrisa en la cara.

Haz ver que buscas algo en el bolsillo.

El vagabundo se fue caminando por la carretera y silbando. Sólo paró un momento y se metió la mano en el bolsillo para asegurarse de que el clavo todavía estaba allí.

Comparte lo que tengas y disfruta de la compañía de los demás.

Consejos para narrar la historia

◎ Explica que la palabra «vagabundo» alude a una persona que viaja de un lugar a otro en busca de trabajo.

◎ Cuando digas «... que la sopa sea perfecta» alarga la frase dándole más énfasis a la última palabra: «p-e-r-f-e-c-t-a».

◎ Anima a tus oyentes a que repitan contigo la frase: «Sí, un _____ hará que la sopa sea perfecta» cada vez que la digas.

◎ Sugiere a los niños que repitan la frase de la viejecita cada vez que responde a las demandas del vagabundo (por ejemplo, «¿Media cebolla? Creo que queda media cebolla...»).

◎ Narra la historia teniendo en cuenta que, al inicio, la viejecita fruncía el ceño y el vagabundo se comportaba de forma muy educada. Enfatiza el cambio en la disposición de la mujer a partir de que comparte comida y conversación con alguien.

Preguntas

◎ ¿Sabes un cuento en el que la sopa se hacía con una piedra?

◎ ¿Qué crees que cenará el vagabundo al día siguiente?

◎ Si quisieras hacer una sopa deliciosa, ¿qué le echarías?

VAMOS DE COMPRAS PARA HACER SOPA DE CLAVO

Material

Lista de la compra con los ingredientes para hacer sopa de clavo, bloc de notas.

Pasos a seguir

○ Invita a los niños a que te ayuden a hacer una lista con todos los ingredientes necesarios para cocinar sopa de clavo.

○ Id al supermercado y comprad los ingredientes. Deja que los niños te ayuden a localizar los ingredientes y enséñales en qué lugar pone el precio.

○ Contad el número de ingredientes que aparecen en la lista y el número de artículos que habéis comprado en el supermercado.

○ Comprobad en la lista de la compra que hayáis comprado todo lo que necesitáis.

○ En el caso de que los oyentes de la historia sean niños mayores, calculad el precio de un plato de sopa de clavo. ¡No olvidéis tener en cuenta el precio de un clavo!

LA RECETA DE LA SOPA DE CLAVO

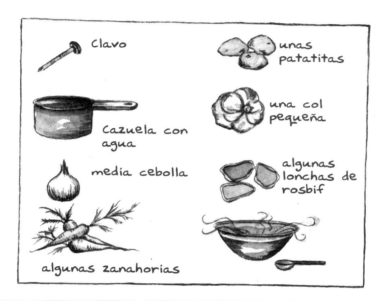

Clavo
unas patatitas
Cazuela con agua
una col pequeña
media cebolla
algunas lonchas de rosbif
algunas zanahorias

Material

Rotulador, un clavo que esté muy limpio, una cazuela, agua, sal y pimienta, media cebolla, algunas zanahorias, unas patatitas, una col pequeña, algunas lonchas de rosbif, una barra de pan, un cuchillo (que no sea afilado), un mantel bonito, velas, tazones para la sopa, cucharas.

Pasos a seguir

◎ Pide a los niños que recuerden los ingredientes de la sopa de clavo y escríbelos como si fuera una receta.

◎ Limpiad las verduras y preparadlas: trocead las zanahorias y la col, cortad las patatas en dados y cortad en rodajas la cebolla.

◎ Añadid las verduras a la sopa en el mismo orden que aparecían en la historia. Aseguraos de que lo primero que echáis es un clavo reluciente.

◎ Una vez que se haya hecho la sopa, vestid la mesa de gala y disfrutad de la sopa.

◎ Si os atrevéis, al día siguiente desayunad sopa de clavo.

OTRO DÍA

Material

Ninguno.

Pasos a seguir

⚙ Pregunta a los niños qué creen que hizo el vagabundo el día siguiente por la noche. ¿Creéis que volvió a hacer sopa de clavo con otra persona?

⚙ Interpretad la historia conjuntamente, representando el papel del vagabundo y el de otra viejecita que vive en una casa al lado de la carretera.

⚙ Si es necesario, guía a los niños durante la representación de la historia. Si se trata de niños pequeños, utiliza una olla y los ingredientes reales como pistas para recordar la siguiente secuencia de la historia. En el caso de niños mayores, simplemente escenificad los movimientos.

Juanito el Pastelito

EN ESTA NUEVA VERSIÓN DE UN
CUENTO INGLÉS, A JUANITO EL
PASTELITO LE PERSIGUEN: UN
NIÑO, SUS PADRES, UNOS
EXCAVADORES, UN OSO Y UN
LOBO. FINALMENTE LE ATRAPA UN
ASTUTO ZORRO.

Érase una vez un viejecito y una viejecita que tenían

un hijo. Un día, la viejecita decidió hacer un pastelito redondo para comérselo de postre a la hora de la comida. Era Juanito el Pastelito. La viejecita le dijo al niño que vigilara el horno para que Juanito el Pastelito no se quemara y se fue con el viejecito a recoger las hortalizas del jardín.

El niño estaba demasiado ocupado jugando para acordarse de vigilar el horno y sacar a Juanito el Pastelito cuando estuviera listo. De repente, oyó un estruendo: «¡Bang!». El horno se había calentado tanto que su puerta salió disparada y con ella salió rodando Juanito el Pastelito. Cruzó rodando la puerta de la cocina y siguió por el caminito del jardín. El niño le perseguía gritando con todas sus fuerzas: «Para, para, para, Juanito el Pastelito». Cuando los padres del niño le oyeron gritar, también empezaron a perseguir a Juanito el Pastelito. Pero pronto se quedaron sin respiración y se sentaron a un lado del camino.

Haz rodar las manos frotando una palma contra la otra.

Juanito el Pastelito siguió rodando hasta que adelantó a un hombre que excavaba para hacer un pozo. El excavador le dijo a voces: «Juanito el Pastelito, ¿adónde vas tan rápido?».

Juanito el Pastelito respondió sin dejar de rodar: «¡Corro más rápido que el niño, que el viejecito y que la viejecita, y también puedo correr más rápido que túuuuu!».

Haz rodar las manos otra vez.

El excavador del pozo le contestó: «Yo soy más rápido que todos ellos». Empezó a perseguir a Juanito el Pastelito, pero pronto se quedó sin respiración y se sentó a un lado del camino.

Jadea.

Juanito el Pastelito siguió rodando hasta que adelantó a un hombre que excavaba para hacer una zanja. El excavador le dijo a voces: «Juanito el Pastelito, ¿adónde vas tan rápido?».

Juanito el Pastelito respondió sin dejar de rodar: «¡Corro más rápido

UTILIZA TU INGENIO

que el niño, que el viejecito, que la viejecita, que el excavador del pozo y también puedo correr más rápido que túuuuu!».

Haz rodar las manos de nuevo.

El excavador de la zanja le contestó: «Yo soy más rápido que todos ellos». Empezó a perseguir a Juanito el Pastelito pero pronto se quedó sin respiración y se sentó a un lado del camino.

Jadea.

Juanito el Pastelito siguió rodando hasta que adelantó a Oso. Oso gruñó: «Juanito el Pastelito, ¿adónde vas tan rápido?».

Juanito el Pastelito respondió sin dejar de rodar: «¡Corro más rápido que el niño, que el viejecito, que la viejecita, que el excavador del pozo, que el excavador de la zanja y también puedo correr más rápido que túuuuu!».

Vuelve a hacer rodar las manos.

Oso le contestó: «Yo soy más rápido que todos ellos». Empezó a perseguir a Juanito el Pastelito pero pronto se quedó sin respiración y se sentó a un lado del camino.

Jadea.

Juanito el Pastelito siguió rodando hasta que adelantó a Lobo. Lobo aulló: «Juanito el Pastelito, ¿adónde vas tan rápido?».

Juanito el Pastelito respondió sin dejar de rodar: «¡Corro más rápido que el niño, que el viejecito, que la viejecita, que el excavador del pozo, que el excavador de la zanja, que Oso y también puedo correr más rápido que túuuuu!».

Haz rodar las manos otra vez.

Lobo le contestó: «Yo soy más rápido que todos ellos». Empezó a perseguir a Juanito el Pastelito pero pronto se quedó sin respiración y se sentó a un lado del camino.

Jadea.

Juanito el Pastelito siguió rodando hasta que adelantó a Zorro. Zorro le sonrió y dijo: «Juanito el Pastelito, ¿adónde vas tan rápido?».

De nuevo haz rodar las manos.

Juanito el Pastelito respondió sin dejar de rodar: «¡Corro más rápido que el niño, que el viejecito, que la viejecita, que el excavador del pozo, que el excavador de la zanja, que Oso, que Lobo y también puedo correr más rápido que túuuuu!».

Zorro le contestó: «¿Qué dices? Acércate más, no puedo oírte». Zorro ladeó la cabeza para simular que así oía mejor.

Haz rodar las manos.

Juanito el Pastelito se acercó un poco más y volvió a decirle sin dejar de rodar: «¡Que corro más rápido que el niño, que el viejecito, que la viejecita, que el excavador del pozo, que el excavador de la zanja que Oso, que Lobo y que también puedo correr más rápido que túuuuu!».

Pero Zorro le dijo: «Acércate más, Juanito el Pastelito, no puedo oírte; estás demasiado lejos». Zorro se inclinó hacia adelante, ladeando la cabeza para simular que así oía mejor lo que decía Juanito el Pastelito.

Vuelve a hacer rodar las manos.

Juanito el Pastelito todavía se acercó un poco más y le dijo sin dejar de rodar: «¡Que corro más rápido que el niño, que el viejecito, que la viejecita, que el excavador del pozo, que el excavador de la zanja, que Oso, que Lobo y que también puedo correr más rápido que túuuuu!».

Y dijo el Zorro: «¿Puedes? ¿De verdad?». Rápidamente abrió su enorme boca y con sus afilados dientes partió en dos a Juanito el Pastelito mientras se relamía y ponía en blanco sus astutos ojos.

No fanfarronees de lo que sabes hacer. No podrás ser más astuto que un zorro.

Consejos para narrar la historia

◎ Invita a los niños a que repitan contigo la frase de Juanito el Pastelito: «¡Corro más rápido que el niño, que el viejecito y que la viejecita, y también puedo correr más rápido que túuuu!».

◎ Anima a los niños a que griten con entusiasmo: «¡Corre, Juanito, corre!».

◎ Utiliza un tono de voz distinto cada vez que gruña Oso o aúlle Lobo, y pon un tono de voz que denote astucia cuando hable Zorro.

Preguntas

◎ ¿Esta historia, te recuerda a alguna otra? ¿A cuál?

◎ ¿Crees que Oso cazaría a Juanito el Pastelito?

◎ ¿Crees que Lobo cazaría a Juanito el Pastelito?

◎ ¿Qué tipo de pastel crees que es Juanito el Pastelito?

SIMILITUDES Y DIFERENCIAS

La Galleta María y Juanito el Pastelito	
En qué se parecen	En qué se diferencian

Material

Rotuladores y una hoja grande de papel.

Pasos a seguir

◎ Después de explicar la historia de Juanito el Pastelito, sugiere a los niños que inventen una historia sobre la Galleta María.

◎ Comentad en qué se parecen y en qué se diferencian ambas historias.

◎ Escribid los comentarios en una tabla.

SI ES REDONDO SABE MEJOR

Material

Maicena, huevos, aceite vegetal, moldes, leche, vasos.

Pasos a seguir

Nota: Tened precaución al manejar cacerolas calientes. Comprueba si alguno de los niños es alérgico a algún tipo de comida.

⊚ Juanito el Pastelito es una tarta plana y redonda. Haced un bizcocho sin levadura y decorad su exterior con los ingredientes que queráis (fideos o grageas de chocolate, mermelada, frutas troceadas,...). También podéis dibujarle una cara.

⊚ Servid a Juanito el Pastelito acompañado de un vaso de leche fría.

⊚ Vuelve a explicar el cuento mientras los niños disfrutan del sabor de Juanito el Pastelito.

La
Competición de Vuelo
o
cómo Colibrí se convirtió en Rey de los Pájaros

BASADA EN UN CUENTO ORIGINAL DE SURINAM, ESTA HISTORIA TRATA SOBRE UNA COMPETICIÓN DE VUELO PARA DECIDIR QUIÉN SERÁ EL REY DE LOS PÁJAROS, Y SOBRE CÓMO UN PEQUEÑO PÁJARO DEMUESTRA SER EL MÁS LISTO DE TODOS.

Hace mucho tiempo, los pájaros se reunieron

y decidieron que debían tener un rey. El León era el rey de los animales que caminaban sobre la tierra y los pájaros querían tener su propio rey para que gobernara sobre los cielos. Así que los pájaros fueron a ver a León para pedirle que convocara una asamblea de todos los pájaros.

Todos los pájaros se reunieron para decidir quién sería el rey. León les preguntó cómo lo decidirían; los pájaros pensaban y pensaban pero no sabían cómo decidir quién sería el rey. Mientras conversaban, Halcón quería sugerir que nombraran Rey de los Pájaros a quien volara más alto. Halcón sabía que él era quien volaba más alto pero no quería que los demás creyeran que quería ser el rey. Colibrí dijo que él debería ser el rey porque, aunque era el más pequeño de todos, era muy inteligente.

Ruiseñor dijo: «Podría sugerir que la competición se basara en ver quién de nosotros canta mejor, pero yo soy el mejor cantante. Sólo con cantar una nota, ya sería el rey. Necesitamos una forma justa de decidir quién será el rey. Puesto que Dios nos ha dado alas a todos, sugiero que el rey debería ser aquel pájaro que vuele más alto».

Halcón estaba encantado con lo que acababa de oír. Como sabía que nadie podía volar más alto que él, dijo: «Sí, creo que es justo». Colibrí se levantó de un salto y dijo: «Sí, creo que es el mejor plan. Sea quien sea el pájaro que pueda volar más alto, debería ser el rey».

Simula que haces una reverencia al rey.

Agita los brazos como si fueran alas.

Entonces, rápidamente y en secreto, Colibrí voló hasta la espalda de Halcón mientras Halcón no miraba. Colibrí era tan ligero que Halcón no le notaba en su espalda mientras volaba más y más alto.

Cuando todos los pájaros bajaron del cielo, dijeron: «Halcón ha sido quien ha volado más alto, por lo tanto será nombrado Rey de los Pájaros». Entonces vieron a Colibrí en lo alto de la espalda de Halcón y dijeron: «No, Colibrí ha volado más alto que Halcón. Colibrí, el inteligente, será nuestro rey».

Utiliza tus habilidades especiales para lo que mejor sepas hacer.

Consejos para narrar la historia

- Describe a Colibrí como un pájaro muy pequeño, tanto como un gorrión o un pinzón.

- Extiende los brazos y vuela como un pájaro, demostrando así cómo Halcón volaba más y más alto.

- Cuando hable León, utiliza un tono de voz profundo y que transmita sabiduría; cuando hable Ruiseñor, pon un tono de voz medio; utiliza un tono de voz bajo pero que transmita seguridad en sí mismo para Colibrí y, en el caso de Halcón, pon un tono de voz que transmita orgullo.

Preguntas

- ¿Por qué Halcón no decía simplemente que quería ser Rey de los Pájaros?

- ¿Dirías que Ruiseñor quería ser el rey? ¿Por qué?

- ¿Te ha pasado alguna vez que incluso a pesar de ser el más pequeño tuviste una idea tan buena como las de los adultos de tu familia? ¿Cuál fue?

REYES DE PÁJAROS

Material

Una pizarra o un papel tamaño póster, rotuladores o lápices de colores.

Pasos a seguir

◎ Recuerda a tus oyentes el nombre de los pájaros de la historia (Colibrí, Halcón y Ruiseñor).

◎ Escribid los nombres de los pájaros y/o dibujadlos en la pizarra o papel.

◎ Pide a los niños que digan el nombre de otros tipos de pájaros. ¿Alguno de ellos podría ser un buen Rey de Pájaros? ¿Por qué?

◎ Escribid los nombres de los pájaros y/o dibujadlos en la pizarra o papel.

PÁJAROS ÚNICOS

Material

Una pizarra o un papel tamaño póster, rotuladores o lápices de colores.

Pasos a seguir

◎ Escribid los nombres de los tres pájaros de la historia en una hoja de papel o en una pizarra.

◎ Sugiere a los niños que describan cada uno de los pájaros.

◎ Debajo del nombre de cada pájaro, escribe las palabras que se utilizan para describirlo en la historia, por ejemplo: «Colibrí: pequeño, inteligente, rey».

Colibrí	Halcón	Ruiseñor

¿QUÉ HAGO ESPECIALMENTE BIEN?

Material

Papel para dibujar, lápices de colores o rotuladores.

Pasos a seguir

◉ Conversad sobre cómo cada pájaro de la historia tenía una habilidad especial: Colibrí era inteligente, Ruiseñor cantaba muy bien y Halcón volaba muy alto.

◉ Anima a los niños a que hagan un dibujo en el que muestren algo que sepan hacer especialmente bien.

◉ Comentad los dibujos y anima a los niños a que nombren otras cosas que cada uno de ellos sepa hacer bien.

El increíble partido en el cielo

HACE MUCHOS AÑOS, LOS ANIMALES DEL BOSQUE
TUVIERON UNA GRAN DISCUSIÓN. SUCEDIÓ HACE
TANTO TIEMPO QUE NADIE SABE CON SEGURIDAD
POR QUÉ DISCUTIERON. LO QUE SÍ SE SABE ES QUE
PARA ARREGLAR SUS DIFERENCIAS DECIDIERON
JUGAR UN PARTIDO DE LACROSSE.

Los animales dibujaron

el campo de juego en el suelo, situando un extremo del campo en el norte y el otro en el sur. Cuando acabaron de dibujar el campo de juego, los animales escogieron en qué equipo querían jugar. En el lado norte estaban los animales de pelo (Oso, Ciervo, Lobo, Nutria, Mapache, Castor, Conejo y Ardilla, por nombrar unos cuantos) y en el lado sur estaban los animales de pluma (Águila, Gavilán, Pato, Cigüeña, Gaviota, Cuervo, Arrendajo Azul y Gorrión, por nombrar algunos).

Extiende los brazos para indicar que el campo de juego era grande.

De repente, se oyó una vocecita suave que decía: «¿Cuál es mi lado, el norte o el sur?».

Pon cara de sorpresa.

Todos los animales se quedaron mirando a la diminuta y misteriosa criatura.

Los animales de pelo dijeron: «No puedes estar en nuestro lado porque tienes alas y eres muy pequeño».

Los animales de pluma dijeron: «No puedes estar en nuestro lado porque no tienes plumas».

Habla en un tono de voz fuerte.

La fuerte voz de Nutria resonaba sobre las demás: «No se debe excluir a nadie que quiera jugar».

Todos los animales estuvieron de acuerdo. Hicieron una diminuta raqueta de lacrosse para la diminuta y misteriosa criatura, y le dejaron jugar en el equipo de los animales de pelo. La diminuta y misteriosa criatura se encaramó a la espalda de Nutria para tener mejor vista.

Ponte las manos en las caderas y pisa fuerte.

Entonces empezó el juego. Todos los animales de pelo se alinearon en el lado norte con Oso y Ciervo al frente, seguidos por Lobo, Nutria, Mapache, Castor, Conejo y Ardilla (por nombrar algunos de los animales que vivían en la tierra). Todos los animales con alas se alinearon en el lado sur con Águila y Gavilán al frente, seguidos por Pato, Cigüeña, Gaviota, Cuervo, Arrendajo Azul y Gorrión (por nombrar algunos de los animales que volaban).

Cuando tiraron la pelota, Ciervo la agarró y corrió hacia la portería. Antes de que Ciervo pudiera llegar, Cigüeña voló y le cogió la pelota. Lobo utilizó la raqueta de lacrosse para recuperar la pelota y pasársela a Castor, pero Gavilán voló y se la quitó.

Los animales de pelo intentaron alcanzar a Gavilán, pero volaba demasiado alto.

Los pájaros se pasaban la pelota de jugador a jugador, mientras se acercaban volando a la portería norte, fuera del alcance de los animales de pelo. Los pájaros jugaron y jugaron en el cielo casi hasta que se puso el sol.

De repente, justo cuando el cielo empezaba a oscurecer, la diminuta y misteriosa criatura voló hasta el grupo de pájaros que jugaban con la pelota. En un plis plas la diminuta y misteriosa criatura les arrebató la pelota a los pájaros asustados y voló hacia la portería sur, manteniéndose alejada de los pájaros. Mientras cruzaba volando la portería del lado sur los animales de pelo aclamaban y gritaban con entusiasmo: «¡Ganamos, ganamos, ganamos los animales de pelo!».

Cuando la diminuta y misteriosa criatura volvió a la tierra, los animales le preguntaron: «¿Cómo te llamas?».

«Mi nombre es Murciélago», respondió la diminuta y misteriosa criatura.

«Eres el jugador más pequeño pero también el mejor —dijeron los animales—, tendrás un regalo especial.»

Agita los brazos como si fueran alas.

Haz ver que tiras la pelota.

Pon cara de sorpresa.

El regalo del Murciélago, desde entonces y para siempre, consiste en dormir durante el día. Por la noche, mientras los animales duermen, Murciélago puede atrapar y comerse todos los insectos sabrosos que salen.

Murciélago todavía disfruta el premio por ser el mejor jugador de lacrosse, a pesar de ser el más pequeño.

No hay que tener en cuenta el tamaño de los demás. ¡Todos son importantes!

Consejos para narrar la historia

○ Explica que al lacrosse se juega con una raqueta, como el tenis, pero que en este caso la pala de la raqueta está hecha de forma que permite atrapar la pelota para después poder tirarla. Si es posible, muestra a los niños una raqueta y una pelota de lacrosse.

○ Cuando hable Nutria, pon un tono de voz que transmita sabiduría.

○ Varía el tono y la velocidad de la voz para que encaje con los acontecimientos que se van narrando en la historia. Por ejemplo, pon un tono de voz que transmita excitación cada vez que hables sobre el partido y describas cómo se van pasando la pelota de un jugador a otro. Habla con un tono de voz que transmita decepción cuando los animales de pelo piensan que perderán el partido porque ninguno de ellos puede coger la pelota si los pájaros juegan en el cielo.

Preguntas

○ ¿Cómo te sientes cuando te dicen que eres demasiado pequeño para jugar con niños mayores que tú?

○ ¿Cómo te sientes cuando te dicen que eres demasiado pequeño para hacer algo?

○ ¿Qué te gustaría que te dijeran los niños que son mayores que tú?

○ ¿Qué te gustaría que te dijeran tus padres?

¿QUÉ ES EL LACROSSE?

Material

Una fotografía o dibujo de una raqueta de lacrosse y otra de tenis, una fotografía o dibujo de una pelota de lacrosse y otra de tenis.

Pasos a seguir

◉ Muestra a los niños las dos raquetas y pregúntales en qué se parecen y en qué se diferencian.

◉ Muestra a los niños las dos pelotas y pregúntales en qué se parecen y en qué se diferencian.

◉ Explica que en un partido de lacrosse hay porterías, igual que en un partido de fútbol o de hockey.

ACOMPAÑA LA HISTORIA CON MÚSICA

Material

Un tambor pequeño, un mazo.

Pasos a seguir

◎ Empieza a tocar el tambor con un ritmo estimulante, intentando producir sonidos rápidos y acompasados.

◎ Cuando los niños vengan a averiguar qué es lo que están oyendo, cuéntales que la historia que han oído proviene de una tribu aborigen norteamericana, los menominee.

◎ Explica que los menominee vivían en el bosque y que utilizaban los tambores para enviarse mensajes.

◎ Tocad el tambor durante un rato, intentando inventar distintos ritmos.

◎ Tocad el tambor para indicar el inicio de la historia y el momento de mayor intensidad. Si os sentís cómodos tocando el tambor, utilizadlo para acompañar la historia, o invitad a alguien que toque el tambor y busque un ritmo que encaje con el tono de la historia.

¿PELO O PLUMAS?

Material

Hojas de papel grandes o una pizarra tamaño póster, dos lápices de colores o rotuladores.

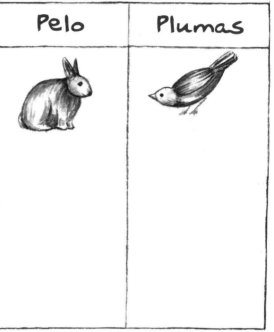

Pelo	Plumas

Pasos a seguir

◎ Conversad sobre los dos equipos de la historia, los animales de pelo y los animales de plumas.

◎ Dibujad una línea larga y vertical que divida por la mitad la hoja de papel o la pizarra.

◎ Escribe «pelo» encima de la columna de la izquierda y «plumas» encima de la columna de la derecha.

◎ Recordad el nombre de todos los animales de la historia. Después de nombrar a cada uno, escribid el nombre del animal en la columna adecuada.

◎ Pide a los niños que piensen en otros animales que puedan ir en cada columna y que escriban su nombre con el otro rotulador.

◎ ¿En qué columna deberíamos situar a «Murciélago»? De acuerdo con la historia debería ir en ambas. Escribid «Murciélago» en las dos columnas o entre ambas.

3

Percibe las diferencias

El Ratón de Ciudad y el Ratón de Campo

EN ESTA HISTORIA, INSPIRADA EN
UNA FÁBULA DE ESOPO, UN
RATÓN DE CIUDAD Y UN RATÓN
DE CAMPO INTERCAMBIAN SUS
FORMAS DE VIDA Y DESCUBREN
QUE SU NUEVO HOGAR ES JUSTO
LO QUE SIEMPRE HABÍAN
DESEADO.

PERCIBE LAS DIFERENCIAS

Érase una vez una ciudad grande y reluciente que rebosaba de gente, coches, taxis y autobuses. En la ciudad vivía un ratón, el Ratón de Ciudad. Había vivido en pequeños apartamentos, en grandes edificios de viviendas y en enormes rascacielos, pero siempre en la ciudad. En la actualidad vivía en un ático, en un lujoso ático con vistas a un famoso parque desde una de las ventanas, y a una concurrida esquina desde otra.

Extiende los brazos hacia arriba para mostrar cómo son de grandes los edificios de la ciudad.

Cada tarde al ponerse el sol, el Ratón de Ciudad se sentaba ante la ventana para contemplar cómo el crepúsculo descendía sobre el hermoso parque de abajo. Deseaba tener a alguien, quien fuera, para compartir con él ese momento, pero no tenía a nadie con quien poder comentar los colores de la puesta de sol.

No había nadie a su alrededor a quien le pudiera contar cómo le había ido el día o que le ayudara a planificar qué hacer al día siguiente. El Ratón de Ciudad era un ratón muy solitario.

Al Ratón de Ciudad le gustaba mucho el queso, especialmente el queso que venía cortado en pequeñas porciones envueltas en hojitas de papel. Pero cuando roía y roía el queso, no tenía a nadie cerca con quien poder comentar su sabor o con quien poder discutir sobre cuál era el mejor queso. Una de esas porciones de queso provenía de Francia; tenía un dibujo de la Torre Eiffel en la parte delantera del envoltorio. El Ratón de Ciudad roía el queso mientras miraba fijamente el tráfico de la calle. Los coches corrían velozmente y los taxis doblaban la esquina con rapidez. Uno de los taxis se saltó un semáforo en rojo y por poco atropella a un gato que cruzaba la calle. Al Ratón de Ciudad incluso le supo mal por el gato. El Ratón de Ciudad era un ratón muy solitario.

Simula que roes el queso.

Un día, el Ratón de Ciudad volvía de compras y se sentía completamente exhausto. Se había pasado tratando de llegar a las mejores tiendas de la ciudad. Había tenido que ir esquivando veloces automóviles y autobuses enormes. Se sentía tan aliviado de haber llegado finalmente a su ático y de haberse librado del tráfico que, una vez dentro, soltó todos los paquetes en mitad del suelo, sin tan siquiera desenvolverlos. No tenía a nadie a quien poder mostrar todas las cosas que había comprado. El Ratón de Ciudad era un ratón muy solitario.

Haz como si abrieras una carta.

Justo en ese momento el portero trajo una carta muy especial para el Ratón de Ciudad. Se trataba de una invitación que decía,

«Ven a la reunión familiar que tendrá lugar en un pequeño pueblo del norte. Todos tus primos de lo largo y ancho del país estarán allí para participar en un picnic que se hará en el prado. Por favor, ven.» El Ratón de Ciudad pensó en todos sus primos y decidió que debía acudir.

Entretanto, el Ratón de Campo, que vivía en un pueblecito, estaba sentado en el porche trasero de su casa, mirando hacia el prado. Su porche trasero era un lugar perfecto para sentarse a contemplar la puesta de sol. Los últimos rayos de sol brillaban al descender sobre los dorados pastos y centelleaban mientras el sol se escondía detrás de la pequeña colina.

Simula que te estás meciendo en un balancin.

En el pueblecito todos decían que el mejor sitio para contemplar la puesta de sol lo tenía el Ratón de Campo. Todos los días, los ratones del vecindario recorrían de arriba abajo la única calle del pueblo para ir a sentarse en el porche trasero de la casa del Ratón de Campo. Contemplaban la puesta de sol y charlaban sobre lo que había sucedido en el parque de bomberos, en la escuela, en la iglesia y en la tienda de artesanos del requesón. El Ratón de Campo, no podía disfrutar de la agradable puesta de sol con todos aquellos ratones charlatanes. Un día entró en su casa, se tapó los oídos con las patas y dijo: «No puedo aguantar más. Estoy cansado de tener cada día a toda esta gente en mi casa». El Ratón de Campo era un ratón muy frustrado.

El Ratón de Campo ansiaba comer quesos sabrosos. En lugar de queso, tenía requesón con tomate, requesón con calabacín, requesón con judías verdes y requesón con maíz.

Pensó en todos los quesos sabrosos que había en el mundo. Recordó que una vez había visto una porción de queso envuelta en un papel que tenía un dibujo de la Torre Eiffel y se dijo: «Estoy cansado de comer requesón cada día». El Ratón de Campo era un ratón muy frustrado.

Anima a los oyentes a decir contigo: «El Ratón de Campo era un ratón muy frustrado».

Ya estaba a punto de echar a sus charlatanes vecinos para poder disfrutar en paz de los últimos rayos del crepúsculo, cuando de repente se oyó: «Flap, flap, flap». Todo el mundo echó a correr, desde el porche trasero y en todas direcciones, hacia sus hogares. El Ratón de Campo conocía ese sonido, era el sonido del batir de las alas de un gran búho descendiendo súbitamente por la esquina de su casa. El Ratón de Campo se alivió al comprobar que no sólo el búho ya se había ido, sino que además todos sus vecinos ratones también se habían marchado a sus casas. Pero allí, en su porche trasero, estaban todos los pequeños cuencos de requesón que sus vecinos se habían traído para comer mientras contemplaban la puesta de sol en el prado. El Ratón de Campo se dijo: «Estoy cansado de recoger todo este lío cada día». El Ratón de Campo era un ratón muy frustrado.

Agita los brazos como si fueran alas.

Entonces, vio que había una carta tirada en el suelo del porche. Iba dirigida a él. Pensó que se le debía de haber caído a alguien mientras huía del búho. La abrió y la leyó: «Ven a una reunión familiar que tendrá lugar en un pequeño pueblo. Todos tus primos de lo largo y ancho del país estarán allí para participar en un picnic que se hará en el pra-

Sostén una carta imaginaria.

do. Por favor, ven». Pensó que no debería de ser muy lejos de allí. Debía de ser en la pradera que había justo detrás de su casa. Recordó a su primo de la gran ciudad, a quien había conocido en la última reunión familiar, y pensó que podría pedirle que le hablara sobre los rascacielos y áticos de la ciudad. También quería que el Ratón de Ciudad le hablara de los grandes autobuses y camiones. Quería preguntarle qué sentía al doblar las esquinas montado en un taxi veloz. El Ratón de Campo también quería preguntarle a su primo de la gran ciudad sobre el sabor del queso de la Torre Eiffel.

El día de la reunión, los dos primos ratones compartieron mesa. El Ratón de Ciudad compartió una cesta de quesos de todo el mundo, y el Ratón de Campo compartió un cuenco de requesón y una selección de las mejores verduras de su huerto.

Simula que roes queso.

El Ratón de Ciudad habló sobre su vida en la gran ciudad. Dijo que era un ratón muy solitario. El Ratón de Campo no podía creer lo que oía. La gran ciudad sonaba justamente como aquel lugar excitante en el que él siempre había soñado vivir.

Entonces, el Ratón de Campo habló sobre su vida en ese pequeño pueblo. Dijo que estaba muy cansado porque todas las cosas que sucedían en ese pueblecito, que únicamente tenía una calle, eran muy monótonas. El Ratón de Ciudad no podía creer lo que oía. El pueblecito sonaba justamente como aquel lugar tranquilo en el que él siempre había soñado vivir.

El Ratón Sabio y Viejo, que les oyó por casualidad, les dijo: «Si no os gusta cómo es vuestra vida, cambiadla». Y eso hicieron. Intercambiaron sus formas de vida. El Ratón de Campo se trasladó a la gran ciudad y el Ratón de Ciudad se trasladó al pueblecito.

Y como os podéis imaginar, cada año en la reunión familiar el Ratón de Ciudad y el Ratón de Campo corren el uno hacia el otro, se abrazan y bailan. El pueblecito es justo el lugar en el que el Ratón de Ciudad siempre había soñado vivir. Ya no se siente solo.

Baila y salta.

Tiene siempre el porche trasero lleno de vecinos charlatanes, comiendo sus cuencos de requesón con verduras del huerto. No hay ni un solo coche a la vista cuando cruza la calle. Y lo mejor de todo, no hay ni un chirriante taxi, sólo el vuelo del búho descendiendo súbitamente por la esquina de su casa.

El Ratón de Ciudad ya no es un ratón muy solitario; se ha convertido en un Ratón de Campo.

Para el Ratón de Campo, la gran ciudad es precisamente el lugar más excitante para vivir. Es justo el tipo de sitio en el que el Ratón de Campo siempre había soñado vivir. En su ático, desde una de las ventanas tiene vistas a un exuberante parque, y desde otra puede contemplar el tráfico de la transitada esquina. Ya no le molestan los vecinos charlatanes mientras disfruta de las vistas. Saborea los quesos de la despensa del ático. Ama el sonido del bullicioso tráfico que nunca se detiene. Y lo mejor de todo, ya no debe soportar la súbita batida de alas del búho, sólo el ocasional chirriar de un taxi doblando la esquina. El Ratón de Campo ha dejado de ser un ratón frustrado. Vive en una ciudad excitante; se ha convertido en un Ratón de Ciudad.

Los dos primos ratones siempre esperan con ilusión a que llegue la reunión familiar anual. Disfrutan escuchando al Ratón Sabio y Viejo cuando les dice: «¿Veis?, ya os lo dije: si no os gusta vuestra vida, cambiadla».

En cada reunión familiar, los dos primos ratones charlan sobre lo felices que son viviendo en sus nuevos hogares. Roen el queso con el envoltorio del dibujo de la Torre Eiffel en la parte delantera. Están encantados de haber seguido el consejo del Ratón Sabio y Viejo.

No puedes saber si te gusta algo hasta que lo intentas.

Consejos para narrar la historia

◎ Cuando narres las características de la vida en la gran ciudad, hazlo de un modo apresurado, y al hablar sobre la vida en el pequeño pueblo, adopta un tono calmado, haz pausas a menudo y habla lentamente.

◎ Escenifica y añade efectos auditivos al sonido del taxi doblando la esquina («ñi, ñi, ñi») y al batir de las alas del búho cuando vuela descendiendo por la esquina («flap, flap, flap »).

◎ Añade los gestos necesarios en los momentos apropiados. Por ejemplo, tápate los oídos cuando el Ratón de Campo no puede soportar oír ni un minuto más a esos ratones charlatanes. Busca otras situaciones a las que añadir gesticulaciones, tales como dejar caer los hombros al describir al Ratón de Ciudad como un ratón solitario.

◎ Cuando digas: «El Ratón de Ciudad era un ratón muy solitario», hazlo con voz triste, y pon voz irritada al decir: «El Ratón de Campo era un ratón muy frustrado». Si lo deseas, puedes repetir estas frases más veces.

Preguntas

◎ Antes de contar la historia pregunta a los niños: «¿Qué os gusta del lugar en el que vivís? ¿Es una gran ciudad, el campo, un pequeño pueblo?».

◎ Después de contar la historia, pregúntales: «¿Dónde os gustaría vivir si pudierais trasladaros?».

EL RATÓN DE CIUDAD Y EL RATÓN DE CAMPO

SOLITARIO Y FRUSTRADO

Material

Un espejo de cuerpo entero.

Pasos a seguir

⊚ Invita a los oyentes a mirarse en el espejo, imitando la cara que debía de poner el Ratón de Ciudad al decir: «Soy un ratón muy solitario».

⊚ Seguidamente, haz que se miren en el espejo y que representen al Ratón de Campo cuando dice: «Soy un ratón muy frustrado».

⊚ Pide a dos de los niños que escenifiquen a los dos ratones comiendo requesón con una cucharilla y royendo queso.

⊚ Pide a uno de los niños que escenifique lo que sucede en una reunión familiar en la que las familias ven a parientes a quienes no han visto desde hace mucho tiempo.

COMPARACIÓN DE DIBUJOS

Material

Papel de dibujo, rotuladores o lápices de colores.

Pasos a seguir

🌀 Dobla la hoja de papel por la mitad.

🌀 Dibuja una imagen de la gran ciudad en el lado izquierdo y del pequeño pueblo en el derecho.

🌀 Los niños más pequeños pueden dibujar al Ratón de Ciudad y al Ratón de Campo. Pídeles que pongan al menos una cosa en el dibujo que permita, a quien lo vea, identificar que uno de los dibujos representa la gran ciudad y el otro el pueblecito.

🌀 Pon un título a cada uno de los dibujos. Los niños mayores pueden dictarte una frase para que la escribas en su dibujo o escribir la descripción por sí mismos.

SABOREA LOS QUESOS

Material

Una selección de quesos
(algunos de ellos con envoltorio
de papel), requesón, una tabla
de cortar y cuchillo, pequeños
cuencos o tazas, cucharillas,
servilletas, fruta o zumos de
fruta.

Pasos a seguir

Nota: Antes de dar a probar los quesos a
los niños, infórmate de si alguno de ellos
es alérgico a algún alimento.

- Recuerda a los niños que al
  Ratón de Ciudad y al Ratón
  de Campo les gustaban muchos quesos. Pregúntales qué tipo de queso le gustaba a cada
  ratón.

- Si es posible, permite a tus oyentes que examinen una muestra de quesos que estén
  envueltos en papel.

- Todos pueden probar el queso y el requesón. Corta los quesos en pequeñas porciones,
  tal y como a los ratones de la historia les gustaría comerlos. Pon el requesón en los
  pequeños cuencos o tazones. Asegúrate de que los niños conocen los nombres de los
  quesos.

- Proporciónales rodajas de fruta o zumos de fruta para acompañar la degustación.

PERCIBE LAS DIFERENCIAS

Las malas costumbres
del Mono y la Conejita

EL MONO Y LA CONEJITA SON AMIGOS, PERO
CADA UNO TIENE COSTUMBRES QUE MOLESTAN
AL OTRO. ESTA DIVERTIDA HISTORIA, BASADA EN
UNA LEYENDA AFRICANA, TRATA DE SU INTENTO
POR ROMPER ESAS MALAS COSTUMBRES DURANTE
UN DÍA.

El Mono y la Conejita estaban sentados en la orilla del río y hablaban.

A la Conejita le gustaba escuchar al Mono, pero tenía un pequeño problema: la Conejita se distraía a menudo de lo que el Mono decía porque éste no paraba de rascarse. El Mono hablaba y se rascaba, se rascaba y hablaba. Se rascaba la cabeza, se rascaba la barbilla peluda, se rascaba el brazo izquierdo y luego se rascaba el derecho.

Ráscate la cabeza, la barbilla, el brazo izquierdo y después el derecho.

Al Mono le gustaba hablar con la Conejita, pero tenía un pequeño problema. El Mono se distraía a menudo de lo que la Conejita decía porque ésta no paraba de olfatear, mover el hocico y menear las orejas. La Conejita olfateaba el aire, movía el hocico y meneaba las orejas de un lado a otro.

Olfatea, mueve la nariz y menea la cabeza de un lado a otro.

Finalmente, el Mono dijo: «¿Quieres hacer el favor de parar?».

«¿Parar de qué?», preguntó la Conejita.

«Parar de olfatear el aire, de mover el hocico y de menear esas largas orejas», dijo el Mono.

«Ese continuo olfatear, mover el hocico y menear las orejas me está volviendo loco. ¡Vaya una mala costumbre que tienes!»

«¿Qué mala costumbre tengo? ¿Y qué hay de la tuya? Todo el rato, mientras vas hablando conmigo, te estás rascando. Primero te rascas la cabeza, después te rascas la barbilla, seguidamente te rascas el brazo izquierdo y luego el derecho. Estás rascándote continuamente. ¡Vaya una mala costumbre que tienes!»

Ráscate la cabeza, la barbilla, el brazo izquierdo y después el derecho.

«De acuerdo, no debo rascarme. Sé que, si quiero, puedo parar de rascarme en cualquier momento», dijo el Mono.

«De acuerdo, no debo olfatear, mover el hocico y menear las orejas —dijo la Conejita—. Sé que, si quiero, puedo parar de olfatear, mover el hocico y menear las orejas en cualquier momento.»

Entonces el Mono desafió a la Conejita a hacer una prueba: «Vamos a ver. Sé que puedo estar todo el día sin rascarme si tú puedes estar todo el día sin olfatear, mover el hocico y menear las orejas. Probemos: si podemos estar todo el día quietos, desde esta mañana hasta la puesta de sol, eso querrá decir que somos capaces de romper esas malas costumbres».

El Mono se sentó muy quieto.

Y la Conejita se sentó muy quieta.

Ninguno de los dos movía un músculo, pero al Mono empezó a picarle mucho la piel. Quería rascarse la cabeza. Quería rascarse la barbilla peluda. Le picaba el brazo izquierdo y también le picaba el brazo derecho, pero seguía muy quieto.

Mantén el cuerpo muy quieto, dejando caer los brazos.

La Conejita tampoco movía un músculo, pero deseaba olfatear el aire por si detectaba algún peligro. Pensó que olía la presencia de un león en la hierba, pero no podía olfatear ni mover el hocico. No podía mover el hocico, ni menear las orejas de lado a lado para detectar el peligro. La Conejita estaba sentada muy quieta.

Mantén el cuerpo muy quieto, dejando caer los brazos.

Finalmente, la Conejita dijo: «Mira, Mono, tengo una idea: hemos estado sentados muy quietos durante mucho rato y ya me estoy aburriendo. ¿Por qué no nos contamos historias para pasar el día?».

«Buena idea, Conejita. ¿Por qué no me cuentas tú la primera historia?»

Así que la Conejita empezó: «Ayer, cuando bajaba hacia la orilla del río para econtrarme contigo, pensé que olía la presencia de un león en la hierba. Empecé a olfatear, olfatear y olfatear el aire, pero no había ningún león por allí. Sólo para asegurarme, moví el hocico varias veces, pero no había ningún león por allí. Entonces meneé mis orejas y escuché, pero no había ningún león por allí. Me tranquilicé al saber que no había ningún peligro. Entonces, seguí mi camino hacia la orilla del río para verte a ti, amigo mío».

Olfatea, mueve la nariz y menea la cabeza de un lado a otro.

El Mono, dándose cuenta de cómo se las había arreglado la Conejita para introducir algunos olfateos, movimientos de hocico y meneos de oreja en su historia, decidió contar una historia sobre sí mismo.

El Mono dijo: «Ayer, durante mi camino de bajada hacia la orilla del río para encontrarme contigo, me crucé con una pandilla de niños. Uno de los niños me lanzó un coco y me golpeó en la cabeza, justo aquí. Otro de los chicos me tiró una cáscara de coco y me golpeó en la barbilla, justo aquí. Dos niñas me lanzaron cáscaras de coco y me golpearon en cada uno de los brazos. Entonces corrí tan rápido como pude hacia la orilla del río para verte a ti, amiga mía».

Ráscate la cabeza, la barbilla, el brazo izquierdo y después el derecho.

La Conejita se partía de risa. El Mono empezó a reír. La Conejita sabía lo que el Mono estaba haciendo, y el Mono sabia lo que la Conejita había hecho.

«Bien, es una buena historia, pero tú pierdes la prueba, Mono. Te estuviste rascando durante toda la historia», dijo la Conejita.

Olfatea, mueve la nariz y gira la cabeza de un lado a otro.

«Bien, la tuya también fue una buena historia, Conejita, pero olfateaste, moviste el hocico y meneaste las orejas durante toda tu historia», dijo el Mono.

«Supongo que ninguno de los dos puede estarse quieto todo el día —dijo la Conejita—; simplemente, no puedo romper estas malas costumbres» —añadió, al tiempo que olfateaba el aire para percibir la existencia de algún peligro, movía el hocico y meneaba sus orejas.

«Yo tampoco puedo», dijo el Mono, al tiempo que se rascaba la cabeza, la barbilla peluda, el brazo izquierdo y luego se rascaba el derecho.

Ráscate la cabeza, la barbilla, el brazo izquierdo y después el derecho.

Estuvieron de acuerdo en que las malas costumbres son difíciles de romper, y hasta hoy, el Mono todavía se rasca, y la Conejita todavía olfatea, mueve el hocico y menea las orejas.

Aprecia a tus amigos, incluso aunque tengan algunas costumbres que te molesten.

Consejos para narrar la historia

⊚ Anima a tus oyentes a que hagan contigo los movimientos del Mono al rascarse y de la Conejita al ofatear, mover el hocico y menear las orejas.

⊚ Experimenta poniendo voces distintas a los dos personajes. Pronuncia las palabras del Mono con voz elevada e irritada y las de la Conejita con voz suave y amable.

⊚ Haz que un grupo de los niños realice los movimientos del Mono y que el otro grupo realice los de la Conejita.

Preguntas

⊚ ¿Estás intentando romper alguna mala costumbre? ¿Lo has conseguido alguna vez? ¿Cómo lo hiciste?

⊚ ¿Cuáles son tus principales costumbres? ¿Son buenas o malas?

LA PRUEBA DEL MONO Y LA CONEJITA

Material

Ninguno

Pasos a seguir

⊚ Realiza una competición para ver quién puede estar sentado quieto durante más tiempo, el Mono o la Conejita. Un niño o un grupo de niños puede hacer de Mono y el otro de Conejita. El narrador de la historia puede ser a su vez Mono o Conejita.

⊚ Intentad permanecer sentados y muy quietos.

⊚ Después de que alguien se haya movido, conversad sobre el hecho de que a unas personas les es más sencillo permanecer quietas que a otras. Conversad sobre en qué momentos es más difícil quedarse muy quieto.

MARIONETAS

Material

Lápices de colores o rotuladores, cartulina o papel rígido, palos de polo, tijeras, grapadora.

Pasos a seguir

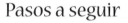 Dibujad vuestra propia versión de la cara del Mono o de la Conejita, o bien copiadlas. Los niños más pequeños podrían necesitar ayuda.

🌀 Recortad las caras del Mono y de la Conejita.

🌀 Pegadlas sobre los palos de polo.

🌀 Vuelve a narrar la historia, moviendo la marioneta correspondiente a cada uno de los personajes en el momento en el que esté hablando.

🌀 Utiliza como variación muñecos de peluche.

La mujer que quería más ruido

EN ESTA TRADICIONAL HISTORIA,
UNA MUJER DE CIUDAD QUE SE TRASLADA
AL CAMPO DESCUBRE QUE TODO ES
DEMASIADO TRANQUILO PARA ELLA.
POR ESTE MOTIVO LLEVA A SU
GRANJA ANIMALES, UN RUIDOSO
AUTOMÓVIL Y FINALMENTE NIÑOS.
ASÍ CONSIGUE DISFRUTAR DE MONTONES DE
RUIDOS AGRADABLES.

Érase una vez una mujer que vivía en la ciudad.

Había vivido en la ciudad durante toda su vida y amaba todos sus ruidos. Le encantaban los tranvías, los grandes camiones, los autobuses y el sonido de toda la gente que se movía por las calles y tiendas. Amaba todos los ruidos de la ciudad.

Un día, recibió por correo una carta de su primo, que vivía en el campo. Le escribía: «Me voy a vivir a Australia. Si lo deseas, puedes trasladarte a mi granja en el campo». La mujer de ciudad pensó que la granja sería un buen lugar para vivir y se trasladó de su hogar de ciudad, al campo.

Al llegar al campo descubrió que su nuevo hogar era precioso. Había montones de tierras alrededor de la casa; un huerto de manzanos, un gran granero rojo y un extenso jardín.

Pero la mujer tenía un problema: no podía dormir por las noches. El campo era demasiado tranquilo. Echaba de menos todos los ruidos de la ciudad.

Se fue a visitar a uno de los vecinos que vivía en una granja cercana a la suya, y le preguntó: «¿Qué puedo hacer para tener algún ruido en mi granja? No puedo dormir por las noches ya que todo está demasiado tranquilo». El vecino le sugirió que se comprara algunos animales que hicieran ruido. Ella corrió rápidamente a comprar una vaca. Se llevó la vaca a casa y la instaló en el gran granero rojo. La vaca hacía un magnífico ruido, pero no era suficiente.

Muge como una vaca.

Así que compró un perro. Puso el perro en el patio y le alimentaba bien. El perro hacía un magnífico ruido, pero no era suficiente.

Ladra como un perro.

Compró también un gato. Puso el gato dentro de la casa, así podría escuchar sus maullidos. El gato hacía un magnífico ruido, pero no era suficiente.

Maúlla como un gato.

Así que compró algunos patos. Puso los patos en el estanque junto al jardín. Los patos hacían un magnífico ruido, pero no era suficiente.

Grazna como un pato.

Entonces compró gallinas, un gallo y polluelos. Puso las gallinas, el gallo y los polluelos en el corral cercano al granero. Todos hacían un magnífico ruido, pero no era suficiente.

Canta como un gallo.

También compró un cerdo. El cerdo hacía un magnífico ruido, pero no era suficiente.

Gruñe como un cerdo.

Seguía sin poder dormir por las noches; todo estaba demasiado tranquilo. La mujer deseaba tener más ruido en su granja, así que se decidió a comprar un viejo y estropeado vehículo con una ruidosa bocina. Conducía el viejo y estropeado coche alrededor de la granja tocando la bocina estrepitosamente. Hacía un magnífico ruido. Cuando todo estaba demasiado tranquilo la mujer se iba al coche y tocaba la bocina, y los animales emitían sus sonidos. Todos juntos hacían realmente un ruido estrepitoso, pero no era suficiente.

Imita el ruido de la bocina del vehículo.

Por la noche, la mujer no podía dormir porque echaba de menos los ruidos de la ciudad. Intentaba imaginar qué otros sonidos de la ciudad echaba en falta. ¿Qué sonidos la harían feliz en el campo? La mujer descubrió qué era lo que estaba echando de menos. ¡Eran los niños!

Así que se fue a la ciudad a buscar niños que quisieran ir a visitar su granja. Muchos chicos y chicas quisieron ir a jugar allí, y como todos juntos eran muy ruidosos, por fin, ya había suficiente ruido en la granja.

Pide a los oyentes que hagan un ruido alegre.

Ahora los animales emitirían sus sonidos, la mujer tocaría la bocina del coche y los niños jugarían. Ya había muchos sonidos: la vaca, el perro, el gato, los patos, las gallinas y el gallo, el cerdo, la bocina del viejo coche y todos los niños.

Ahora ya no era un lugar tranquilo. Ya no sería nunca más un lugar tranquilo; era muy ruidoso.

Haz ver que duermes.

La mujer estaba muy contenta porque ahora ya tenía suficiente ruido. Le encantaba la granja y cada noche podía irse a dormir con todos los agradables ruidos del campo.

Lo que parece ruidoso a una persona, puede parecerle tranquilo a otra.

PERCIBE LAS DIFERENCIAS

Consejos para narrar la historia

◎ Antes de narrar la historia, conversad sobre algunos de los sonidos que podrían escucharse en la ciudad o en una granja. Algunos de los niños más pequeños tendrán experiencias limitadas en estos dos ambientes tan distintos.

◎ Practicad utilizando sonidos coherentes con cada uno de los detalles que aparecen en la historia. Decide cómo puedes repetir los sonidos de modo que los niños puedan seguir los detalles que se van acumulando en la historia. Los niños más pequeños te indicarán si has olvidado algunos de los sonidos al narrar de nuevo la historia.

◎ Anima a los oyentes a hacer los sonidos de la vaca, del perro, del gato, de los patos, de las gallinas, del gallo y de los polluelos, del cerdo, del viejo y estropeado coche y de los niños cada vez que digas: «Todos hacían un magnífico ruido».

◎ Pide a uno de los niños o a un pequeño grupo que realice un sonido específico, tal como el «muu, muu» de la vaca. Los oyentes podrían emitir los sonidos correspondientes en el momento apropiado, y hacerlo de nuevo al final de la historia, cuando todos los sonidos se repiten conjuntamente.

◎ Utiliza una señal que indique a los oyentes en qué momento de la narración deben participar realizando los sonidos. Podrían participar en frases como: «el cerdo hacía un magnífico ruido», «el gato hacía un magnífico ruido», «todos hacían un magnífico ruido». Si los niños tienen problemas para saber cuándo deben realizar los sonidos, párate un momento y repite la señal.

Preguntas

◎ ¿Qué podría suceder si la mujer hubiera vivido siempre en el campo y se trasladara a la cuidad?

◎ ¿Por qué a la mujer le gustaba todo ese ruido y pensaba que era un buen ruido?

◎ ¿Cuáles son los sonidos que te gusta escuchar?

SI VIVIERAS EN UNA GRANJA

Material

Un libro sobre los animales que pueden encontrarse en una granja.

Pasos a seguir

◎ Leed el libro.

◎ Conversad sobre los sonidos correspondientes a los animales que estén dibujados o fotografiados en el libro, y realizad sus sonidos.

◎ Vuelve a narrar la historia y añadid algunos animales del libro en una nueva versión de «La mujer que quería más ruido».

◎ Hablad sobre otros de los sonidos que podríais escuchar en una granja, como por ejemplo aquellos emitidos por la maquinaria agrícola.

PERCIBE LAS DIFERENCIAS

UN PASEO SONORO

Material

Papel y rotuladores.

Pasos a seguir

◎ Hablad sobre algunos de los sonidos que pueden escucharse en el exterior.

◎ Lleva a los niños a dar un paseo por el exterior y a escuchar todo tipo de sonidos.

◎ Regresa al interior y conversad sobre los sonidos que habéis escuchado durante el paseo.

◎ Escribid sobre algunos de los sonidos que habéis oído.

◎ Con la ayuda de los niños, cread un mapa del paseo realizado y de los sonidos que habéis escuchado a lo largo del camino.

REPRESENTACIÓN DE SONIDOS

Material

Ninguno.

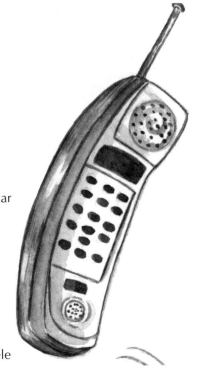

Pasos a seguir

⊚ Invita a cada niño, uno a uno, a realizar un sonido.

⊚ El resto de niños intentarán adivinar de qué sonido se trata y dónde se puede escuchar.

⊚ Si alguno de los niños se muestra reticente a realizar un sonido, sugiérele que participe tan sólo en la parte correspondiente a adivinarlo.

El guante perdido con diminutos y brillantes abalorios

EN ESTA VERSIÓN DE UN CUENTO POPULAR UCRANIANO, UN NIÑO PIERDE, EN EL BOSQUE, SU CÁLIDO GUANTE. EL CUENTO NARRA LA HISTORIA DE LO QUE SUCEDE CUANDO LOS ANIMALES SE ARRASTRAN HACIA DENTRO DEL GUANTE PARA COBIJARSE DEL FRÍO.

Érase una vez

una abuela y su nieto que vivían juntos en una casita junto a los grandes bosques. Una fría mañana de invierno, la abuela dijo: «Nieto, por favor, vete a buscar algunas astillas para el fuego, para que pueda preparar unas gachas».

Haz ver que te pones un traje para la nieve, botas, una bufanda, un gorro y guantes.

El niño, que era un chico obediente, se vistió con su cálido traje de invierno para la nieve. Se puso las botas forradas de piel, una cálida bufanda alrededor del cuello y se tapó las orejas con un cálido gorro. Entonces se puso sus guantes.

Los guantes se los había hecho su abuela. Los había tejido, forrado de piel y les pegó diminutos y brillantes abalorios en el exterior. Al niño le encantaban sus bonitos guantes.

Se proponía llenar el trineo con las astillas que recogería en el bosque. Incluso con los aullidos del viento, los remolinos de nieve y el cielo gris, le gustaba pasear por los bosques.

La capa de nieve era tan espesa que era difícil encontrar pequeños trozos de rama, o hallar el lugar en el que el leñador a menudo dejaba pedazos de madera. El chico tiraba de su trineo, buscando las astillas y adentrándose cada vez más en el bosque. Iba poniendo sobre su pequeño trineo cada uno de los pedazos de madera que iba encontrando.

Una de las veces en las que el niño se paró para recoger un trozo de astilla, vio un bonito carámbano colgando de la rama de un majestuoso árbol de hoja perenne. El niño se quitó uno de los guantes y lo dejó cuidadosamente sobre el trineo. Tocó el carámbano y unas gotas de agua se fundieron en su mano.

Simula que recoges el carámbano del árbol.

El carámbano relucía sobre su mano. Justo un poco más adelante, se encontró con el lugar en el que el leñador había estado trabajando. Seguro que encontraría algunas astillas allí. Corrió tirando de su trineo, sin darse cuenta de que su bonito guante peludo, con diminutos y brillantes abalorios pegados en el exterior, había caído del trineo precipitándose sobre la nieve.

Cuando el niño llegó al claro, recogió todas las pequeñas astillas que el leñador había dejado atrás. Estaba tan atareado que no se dio cuenta de que había perdido su bonito guante peludo, con diminutos y brillantes abalorios pegados en el exterior.

Cuando ya tenía cargado el trineo, inició el camino de regreso a casa. Sentía frío en la mano izquierda. Se paró para recoger el guante del trineo, pero no lo encontró.

Miró debajo de cada uno de los trozos de madera que había ido poniendo en el trineo, pero no logró encontrar su bonito guante peludo, con diminutos y brillantes abalorios pegados en el exterior.

El niño buscó el bonito guante por todas partes. El viento seguía soplando y la nieve que caía dificultaba la visibilidad. No podía ni ver las huellas que el trineo había dejado en la nieve. Apesadumbrado, comprendió que no podría encontrar el bonito guante peludo, con diminutos y brillantes abalorios pegados en el exterior.

Así que el niño se puso la mano fría en el bolsillo y emprendió el camino de regreso a casa. Debido a los remolinos de nieve y a la búsqueda del guante, se había ido apartando del sendero y ya no sabía cuál era el camino de vuelta a casa. Tenía frío y a cada momento que pasaba sentía más temor. Entonces recordó uno de los consejos que el leñador le había dado: seguir la alta hilera que formaban los árboles de hoja perenne que se hallaban alineados a lo largo del sendero. El niño buscó hasta que encontró los árboles de hoja perenne y emprendió su camino de vuelta hacia la casita que se encontraba junto a los grandes bosques.

Encoge el cuerpo como si temblaras, con las manos en los bolsillos.

Haz ver que caminas con dificultades a través de la nieve.

Mientras, su bonito guante peludo, con diminutos y brillantes abalorios pegados en el exterior, permanecía sobre la nieve. Parece que el chico no era el único que tenía frío aquella mañana. El Ratón de Campo, que había estado buscando semillas secas en el bosque y había cogido mucho frío, divisó el bonito guante peludo con diminutos y brillantes abalorios pegados en el exterior. El Ratón de Campo se escurrió hacia dentro del guante y pronto sintió la calidez de su piel. Decidió que se quedaría hasta que acabara la tormenta de nieve, dentro del bonito guante peludo, con diminutos y brillantes abalorios pegados en el exterior. Justo en el momento en el que el Ratón de Campo estaba a punto de echar una pequeña siesta, oyó a alguien que desde fuera decía: «Croak, croak, hace mucho frío aquí fuera. Por favor, ¿puedo entrar?».

Simula que te escurres hacia el interior del guante.

«¿De quién es esa voz que croa ahí fuera, en el frío?», preguntó el ratón, que ya había entrado en calor. «Soy yo, la Rana, y tengo mucho frío.» El Ratón de Campo, que reconoció la voz de la Rana, dijo: «Sí, por supuesto, aquí siempre hay sitio para uno más». Así que la Rana saltó hacia el interior del bonito guante peludo, con diminutos y brillantes abalorios pegados en el exterior.

Simula que saltas hacia el interior del guante.

Justo en el momento en que el Ratón de Campo y la Rana estaban a punto de echar una pequeña siesta, oyeron a alguien que desde fuera decía: «Buuu, buuu, hace mucho frío aquí fuera. Por favor, ¿puedo entrar?».

«¿De quién es esa voz que ulula ahí fuera, en el frío?», preguntaron el Ratón de Campo y la Rana, que ya habían entrado en calor. «Soy yo, el Búho, y tengo mucho frío.» El Ratón de Campo y la Rana, reconociendo la ululante voz del Búho, dijeron: «Sí, por supuesto, aquí siempre hay sitio para uno más». Así que el Búho voló hacia el interior del bonito guante peludo, con diminutos y brillantes abalorios pegados en el exterior.

Simula que vuelas hacia el interior del guante.

Justo en el momento en el que el Ratón de Campo, la Rana y el Búho estaban a punto de echar una pequeña siesta, oyeron a alguien que desde fuera decía: «Snif, snif, hace mucho frío aquí fuera. Por favor, ¿puedo entrar?».

«¿De quién es esa voz que olfatea ahí fuera, en el frío?», preguntaron los amigos, que ya habían entrado en calor.

«Soy yo, el Conejo, y tengo mucho frío.» El Ratón de Campo, la Rana y el Búho reconociendo la voz olfateante del Conejo, dijeron: «Sí, por supuesto, aquí siempre hay sitio para uno más». Así que el Conejo saltó hacia el interior del bonito guante peludo, con diminutos y brillantes abalorios pegados en el exterior.

Simula que saltas hacia el interior del guante.

Justo en el momento en el que el Ratón de Campo, la Rana, el Búho y el Conejo se arrimaban el uno al otro para echar una pequeña siesta, oyeron a alguien que desde fuera decía: «Grof, grof, hace mucho frío aquí fuera. Por favor, ¿puedo entrar?».

«¿De quién es esa voz que gruñe ahí fuera, en el frío?», preguntaron los amigos, que ya habían entrado en calor. «Soy yo, el Zorro, y tengo mucho frío.» El Ratón de Campo, la Rana, el Búho y el Conejo pensaron que se empezaba a estar bastante apretado ahí adentro. Pero reconociendo los gruñidos del Zorro, dijeron: «Sí, por supuesto, aquí siempre hay sitio para uno más». Así que el Zorro se hizo sitio en el interior del bonito guante peludo, con diminutos y brillantes abalorios pegados en el exterior.

Intenta hacerte sitio en el interior del apretado guante.

Justo en el momento en el que el Ratón de Campo, la Rana, el Búho, el Conejo y el Zorro se estaban instalando, intentando hacer sitio para uno más dentro del ajustado espacio, oyeron otra voz. «Ruagh, ruagh, hace mucho frío aquí fuera. Por favor, ¿puedo entrar?»

«¿De quién son esos rugidos que se oyen ahí fuera, en el frío?», preguntaron los amigos, que ya habían entrado en calor. «Soy yo, el León de Montaña, y tengo mucho frío.» El Ratón de Campo, la Rana, el

Búho, el Conejo y el Zorro gritaron: «¡No! Se está demasiado apretado aquí dentro. Apenas si podemos movernos. León de Montaña, eres demasiado grande. No podemos dejarte entrar».

El León de Montaña tenía mucho frío y empezó a rugir, a llorar y a tiritar. «Por favor, amigos —suplicó—, hacedme sitio. Hace tanto frío aquí fuera que se me están empezando a congelar las patas.» Así que los amigos, que ya habían entrado en calor, se amontonaron y dijeron: «Sí, por supuesto, aquí siempre hay sitio para uno más». Así que el León de Montaña se arrastró hacia el interior. El guante cedía, ensanchándose y ensanchándose. Al fin, el León de Montaña encontró su lugar en el interior del guante. El bonito guante peludo había cedido tanto que muchos de los diminutos y brillantes abalorios se desprendieron del exterior, pero los amigos se hallaban cálidamente instalados dentro del ajustado espacio.

Justo en el momento en el que ya se hallaban instalados en estrecha compañía dentro del guante, oyeron otra voz: «Chirp, chirp, hace mucho frío aquí fuera. Por favor, ¿puedo entrar?».

«¿De quién es esa voz chirriante que se oye ahí fuera, en el frío?», preguntaron los amigos apretujados en el interior. «Soy yo, el Grillo, y tengo mucho frío.» El Ratón de Campo, la Rana, el Búho, el Conejo, el Zorro y el León de Montaña pensaron que, si el gran León de Montaña cabía dentro de ese bonito guante forrado de piel, se podían apretar un poco más para dejar entrar al pequeño Grillo. Así que respondieron: «Sí, por supuesto, aquí siempre hay sitio para uno más». El Ratón de Campo, la Rana, el Búho, el Conejo, el Zorro y el León de Montaña contuvieron el aliento para hacer sitio al Grillo.

El bonito guante forrado de piel se ensanchó y se ensanchó. Esta vez, cedió tanto que los puntos que unían las costuras se soltaron, y el bonito guante forrado de piel estalló.

Intenta arrastrarte hacia el interior del guante.

El Ratón de Campo, la Rana, el Búho, el Conejo, el Zorro y el León de Montaña salieron despedidos y cayeron sobre la fría nieve. Mientras habían estado dentro, el viento había parado de soplar y el sol ya salía tímidamente por entre las nubes. El Ratón de Campo, la Rana, el Búho, el Conejo, el Zorro y el León de Montaña sintieron la calidez del sol y se apresuraron a regresar a sus hogares en los grandes bosques.

Tan sólo el Grillo se quedó. Habiendo encontrado un trozo del bonito guante, con un diminuto y brillante abalorio que se había quedado pegado en el exterior, se dijo: «Esto me servirá de bonito y cálido hogar, para resguardarme del invierno hasta la llegada de la primavera». Y allí se quedó.

Un día, ya en la siguiente primavera, el niño estaba jugando en el sendero a lo largo del cual los árboles de hoja perenne llevaban hacia el interior de los grandes bosques, cuando encontró un fragmento de tejido de punto. Recordó su bonito guante peludo, con diminutos y brillantes abalorios pegados en el exterior. De hecho, había un diminuto y brillante abalorio pegado sobre el fragmento de tejido de punto. Cuando lo recogió, oyó una voz en el interior.

«Chirp, chirp, ¿quién está moviendo mi cálido hogar?»

«Soy yo, el niño que vive en la casita junto a los grandes bosques. ¿Cómo has llegado a tener por casa este trozo de tejido de punto?», preguntó el niño.

«Chirp, chirp, es una larga historia, chirp, chirp. Siéntate aquí sobre este montón de leña y déjame hablarte acerca de un frío día del pasado invierno.»

Entonces, el Grillo saltó sobre el hombro del niño y le contó la historia sobre cómo el bonito guante forrado con diminutos y brillantes abalorios pegados en el exterior se convirtió en su hogar durante el resto del invierno.

Siempre hay sitio para uno más en tu grupo.

EL GUANTE PERDIDO CON DIMINUTOS Y BRILLANTES ABALORIOS

Consejos para narrar la historia

🌀 Anima a los oyentes a decir contigo las siguientes frases: «El bonito guante peludo con diminutos y brillantes abalorios pegados en el exterior» y «Sí, por supuesto, aquí siempre hay sitio para uno más».

🌀 Pon voces de animales, cada vez que digas: «Oh, hace mucho frío aquí fuera. Por favor, ¿puedo entrar?», y pide a los oyentes que respondan «Sí, por supuesto, aquí siempre hay sitio para uno más».

🌀 Vuelve a narrar la historia y pide a los niños que imiten las voces de los animales.

🌀 Pide a los niños que se inventen nuevos animales para la historia. Utiliza animales y aves de tu localidad. Por ejemplo, si vives en una zona montañosa recurre a la ardilla, el ciempiés, el lobo, el águila y la liebre.

🌀 Para niños más pequeños, acorta la historia utilizando menos animales, pero acaba siempre con el León de Montaña u otro animal de enormes dimensiones, seguido del pequeño Grillo, un pequeño saltamontes o una pequeña hormiga.

Preguntas

🌀 ¿Cómo te sientes cuando llevas puestos unos guantes? (Déjales algunos pares de guantes, si es necesario.)

🌀 .¿Qué es lo que te ha sorprendido de la historia? ¿Cuál es la mayor sorpresa al final?

🌀 ¿Te has cobijado dentro de algo cálido en un día frío? ¿Qué era y cómo te sentiste?

CONTAR GUANTES

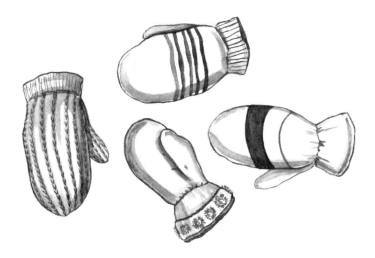

Material

Varios pares de guantes (o de manoplas).

Pasos a seguir

🌀 Reúne un surtido de guantes o manoplas.

🌀 Mézclalos entre sí.

🌀 Invita a los niños a contarlos, no por pares sino uno a uno.

🌀 A continuación pídeles que agrupen los guantes por pares.

🌀 Cuando los hayan agrupado, pídeles que cuenten el número de pares que hay.

🌀 Cuéntalos ahora de dos en dos.

🌀 Puede haber algunos guantes sin pareja. Cuando sólo haya un guante, reflexiona en voz alta sobre dónde podría estar la pareja perdida y si podría haber algunos animales viviendo dentro del guante perdido, dondequiera que esté.

Adaptado de *Story S-t-r-e-t-c-h-e-r-s: Activities to Expand Children's Favorite Books*, de Shirley Raines y Robert Canady (1989), Gryphon House, Beltsville, MD.

EL GUANTE PERDIDO CON DIMINUTOS Y BRILLANTES ABALORIOS

GUANTE, GUANTE, ¿QUIÉN TIENE EL GUANTE?

Material

Guantes, música.

Pasos a seguir

🌀 Sentaos en el suelo formando un círculo.

🌀 Recordad todos los animales que salen en «El guante perdido con diminutos y brillantes abalorios».

🌀 Cada uno de los participantes debe escoger uno de los animales de la historia.

🌀 Explica el juego. Es similar al juego de recoger el pañuelo. La música empieza. Los participantes deben cerrar los ojos. El chico que haya sido escogido para representar el papel del Niño pasea alrededor de los que hacen de animales y están sentados en círculo. Al pararse la música, el Niño debe lanzar el guante justo junto al animal frente al que se ha parado. El niño al que le han lanzado el guante debe recogerlo y perseguir al Niño alrededor del círculo, intentando alcanzarle antes de que consiga llegar al centro del círculo. Entonces, el chico que ahora tenga el guante deberá iniciar la misma rutina.

🌀 Continuad con el juego, poniendo y parando la música, lanzando el guante y persiguiendo al Niño alrededor del círculo hasta el centro, hasta el momento en el que todo el mundo haya participado.

MÁS ANIMALES

Material

Papel y rotuladores.

Pasos a seguir

ⓖ Haced una lista de los animales que aparecen en la historia.

ⓖ Pide a los niños que piensen en otros animales que les gustaría que aparecieran si la historia la narraran ellos mismos.

ⓖ Después de algunas semanas, pide a los niños que narren sus propias versiones de «El guante perdido con diminutos y brillantes abalorios» utilizando animales distintos.

4

La música está en todas partes

Los músicos de Bremen

EN ESTA HISTORIA, BASADA EN UN
MÁGICO CUENTO DE LOS HERMANOS
GRIMM, CUATRO ANIMALES
EXPULSADOS POR SUS AMOS SE
CONVIERTEN EN UNA BANDA DE
MÚSICOS. LOS ANIMALES, TRAS
AHUYENTAR DE UNA CASA A UN GRUPO
DE LADRONES, DECIDEN VIVIR JUNTOS Y
TOCAR MÚSICA.

Había una vez un burro que había trabajado durante muchos años, día tras día, acarreando pesados sacos de grano para su amo. Ahora que el burro ya era viejo, su amo había decidido deshacerse de él. El burro, que se enteró de los planes de su amo, decidió huir.

Años antes, en la ciudad de Bremen, había oído tocar a las bandas de músicos. El burro pensó: «Cuando rebuzno, hago un ruido muy fuerte. Podría ser un músico como los de las bandas». Y así, se propuso convertirse en músico callejero. Mientras iba caminando por la carretera, vio a un perro tirado en el suelo. Parecía muy cansado y estaba jadeando.

«¿Por qué estás tan cansado?», preguntó el burro.

Habla con voz cansada.

«Ya no soy lo suficientemente fuerte como para poder ir de cacería, y por eso mi amo ya no me quiere», dijo el perro.

«Vente conmigo. Me dirijo a Bremen para convertirme en un músico callejero», dijo el burro. El perro pensó que era una fantástica idea. Ambos, el burro y el perro, empezaron a caminar juntos por la carretera.

Bastante más tarde, mientras seguían caminando por la carretera, vieron a una gata sentada junto al asfalto. La gata parecía muy triste, y sus afligidos maullidos partían el corazón del burro y el perro.

El burro preguntó: «¿Por qué te sientes tan triste, gata?».

Habla con voz triste.

La gata explicó que, como sus dientes ya no eran lo bastante afilados, tenía graves problemas para seguir capturando ratones. ¿Qué podía hacer?

«Ven con nosotros. Vamos a convertirnos en músicos callejeros. Puedes cantar y componer música romántica en nuestra banda.» La gata estaba encantada de que pensaran que podía cantar, así que se sumó a la banda del burro y el perro. Los tres, el burro, el perro y la gata, siguieron caminando juntos por la carretera.

El grupo caminó varios kilómetros antes de pasar por un corral. En la verja había un gallo que cacareaba con todas sus fuerzas.

El burro le preguntó: «¿Por qué estás cacareando tan fuerte?».

Habla con voz desesperada.

El gallo contestó: «Acabo de oír la peor noticia. El domingo vienen visitas y mi amo quiere echarme en la sopa».

«Ven con nosotros. Nos dirigimos a Bremen para ser músicos callejeros. Tú tienes una voz muy fuerte. Por favor, únete a nuestra banda.» El gallo se sintió orgulloso de que pensaran que tenía una voz agradable, así que bajó volando de la verja y se unió a la banda. Ahora ya eran cuatro los músicos que andaban juntos por la carretera: el burro, el perro, la gata y el gallo.

Todavía quedaba un largo camino para llegar a Bremen, y necesitaban encontrar un lugar para pasar la noche. El gallo voló hasta la copa de un árbol y divisó una casa que estaba cerca. Voló hasta la casa y vio un cálido fuego ardiendo dentro de la chimenea. Los cuatro animales, el burro, el perro, la gata y el gallo, decidieron que ése sería un buen lugar para pasar la noche.

Cuando llegaron a la casa, el burro, que era el más alto, miró a través de la ventana para ver qué había dentro. Vio una mesa llena de deliciosos alimentos y bebidas. Advirtió también que había sacos con oro y plata amontonados alrededor de la mesa. También vio a un grupo de ladrones comiéndose la comida y divirtiéndose. Los cuatro músicos, el burro, el perro, la gata y el gallo, idearon un plan para ahuyentar a los ladrones. Después de que los ladrones se hubieran mar-

Simula que tomas deliciosos alimentos.

chado podrían tomar aquella fantástica comida y tendrían un lugar para pasar la noche.

El burro apoyó las patas delanteras sobre la ventana, mientras se sostenía sobre las patas traseras. El perro se subió al lomo del burro. La gata escaló hasta la espalda del perro. El gallo voló hasta arriba de todo para situarse sobre la espalda de la gata. Entonces, empezaron a cantar todos juntos. El burro rebuznó. El perro ladró. La gata maulló. El gallo cacareó.

Al cantar todos juntos, hicieron tanto ruido que los cristales de las ventanas se rompieron, haciéndose añicos.

«¡Qué ruido tan horrible! Debe de ser un terrible monstruo», dijeron los ladrones, que estaban tan asustados que huyeron dejando los maravillosos manjares para el disfrute de los músicos. El burro, el perro, la gata y el gallo, comieron, comieron y comieron hasta que no pudieron más. A los cuatro músicos les gustó tanto la casa y la comida que decidieron quedarse a pasar la noche. El burro se acostó en el corral. El perro se echó detrás de la puerta de entrada a la casa. La gata se acurrucó frente al fuego. El gallo voló hasta lo alto del tejado. Todos estaban tan cansados del largo viaje, que se durmieron rápidamente.

Acaricia con satisfacción tu estómago lleno.

Los ladrones se habían ocultado en los bosques. Al ver que las luces de la casa se apagaban decidieron volver para averiguar qué era lo que había hecho ese ruido espantoso. Uno de los ladrones se fue a la casa para ver si había algo dentro. Entró. Estaba muy oscuro. Vio los ojos verdes de la gata en la oscuridad, cerca del fuego, y se sobresaltó. Y al encender una cerilla para poder ver mejor, la gata saltó sobre él y le arañó. Al correr hacia la salida, el perro, que estaba durmiendo junto a la puerta, ladró y le dio un bocado en la pierna. Al pasar por el corral el burro le dio una coz y el gallo gritó muy fuerte: «¡Ki-ki-ri-kí!».

Simula que andas silenciosamente, de puntillas.

El hombre estaba tan asustado que les dijo a los otros ladrones: «Hay un horrible monstruo en la casa. Tiene unos ojos verdes que brillan en la oscuridad, largos brazos con garras afiladas, grandes dientes blancos, unas fuertes patas de acero, y emite unos espantosos chillidos». Cuando los ladrones oyeron la historia del monstruo, huyeron a toda prisa de aquel lugar. Nunca más regresaron a la casa.

Los cuatro músicos habían encontrado un buen hogar. Tenían suficiente oro y plata como para comprar comida y bebida hasta el final de sus vidas. Decidieron no llegar hasta Bremen, sino quedarse a interpretar música en su nuevo hogar.

Quizá todavía hoy sigan tocando música el burro, el perro, la gata y el gallo.

Trabajando unidos podréis conseguir mayores logros que si lo hicierais solos.

Consejos para narrar la historia

🌀 Emplea un tipo de voz distinto para cada uno de los animales. Esto ayudará a los niños a seguir la historia y a entender cuál es el animal que está hablando en cada momento.

🌀 Puesto que la idea fundamental de la historia es la de que los animales piensan que pueden hacer música, imita los rebuznos de burro, hi-haaá, los ladridos del perro, guau-guau, los maullidos del gato, miau-miau, y el ki-ki-ri-kí del gallo. Asegúrate de que la voz que utilizas para imitar los sonidos de cada animal no es demasiado fuerte. Los niños pequeños a menudo se asustan ante los ruidos muy fuertes.

🌀 Incluye los sonidos de los animales en el orden correspondiente, y para dar mayor énfasis, repítelos por ese mismo orden. Observa la reacción de tu audiencia para determinar el impacto y el número de veces que necesitas repetirlos.

🌀 Cuenta el fragmento del cuento en el que el ladrón regresa a la casa oscura, en voz muy baja. Esta alteración facilitará que la audiencia siga más intensamente la descripción del monstruo con ojos que brillan en la oscuridad, garras, dientes blancos, patas de acero y voz estrepitosa.

Preguntas

🌀 ¿Quiénes eran los cuatro músicos y qué sonidos emitían?

🌀 ¿Cuál es el plan que traman para echar a los ladrones?

🌀 ¿Por qué el ladrón pensó que había un «monstruo» dentro de la casa oscura?

ESCENIFICACIÓN ANIMAL

Material

Ninguno.

Pasos a seguir

🌀 Vuelve a narrar la
historia o comenta los
personajes y sucesos
que tienen lugar en ella.

🌀 Invita a los niños a que
escojan qué personaje
quieren interpretar.

🌀 Representad la historia
todos juntos. Utilizad vuestras propias palabras y sonidos para los animales que
aparezcan. En este tipo de actuaciones no hay ensayos ni accesorios, escenificad la
acción espontáneamente; cread el diálogo al tiempo que la acción vaya teniendo lugar.

🌀 Escenificad la historia de nuevo, escogiendo distintos fragmentos. Cada vez que
representéis la historia, los acontecimientos y el lenguaje pueden ser distintos.

🌀 Anima los esfuerzos de tus noveles oyentes. No tiene nada que ver con una gran
producción, se trata tan sólo de la oportunidad de participar en un proceso creativo.

MÚSICA

Material

Una selección de cintas de casete y/o compact discs de distintos tipos de música, principalmente: marchas tocadas por bandas, música folclórica, rock, orquestas sinfónicas, grupos corales y música de instrumentos tales como la guitarra, el piano o la flauta.

Pasos a seguir

⊚ Examinad la selección de música. Mirad las tapas, los materiales y los gupos que aparecen en ellas. Conversad sobre esta selección.

⊚ Escuchad algunas de las grabaciones. Más que evaluarlas, debéis discutir sobre los sonidos, las canciones, los instrumentos o los grupos. Escuchad por diversión y para apreciar las diferencias entre los distintos tipos de música.

⊚ Seleccionad qué tipo de música es más adecuada escuchar en distintos momentos del día: música para acompañar las comidas, música para el descanso, música para jugar o música para bailar. No se trata de dar la respuesta acertada, sino de manifestar la opinión y valorar personalmente la música.

El Gorrión que no sabía cantar

UN GORRIÓN QUE NO SABÍA
CANTAR INTENTA ENCONTRAR A
ALGUIEN QUE LE ENSEÑE, PERO
NADA FUNCIONA. CUANDO
«CROA» JUNTO A UN ESTANQUE,
LAS RANAS QUE LE
ESCUCHAN LE
GARANTIZAN QUE TIENE
UN CANTO PRECIOSO.

Había una vez un pequeño Gorrión

que no sabía cantar. Cuando los demás pájaros cantaban, el Gorrión también lo intentaba. Pero cuando lo probaba, tan sólo lograba emitir un sonido horrible: «Croac, croac, croac». Todos los pájaros querían taparse los oídos. No entendían que un pájaro no supiera cantar. El Gorrión se sentía muy afligido por no poder cantar. Lo intentaba y lo intentaba, practicaba y practicaba, pero no mejoraba. Nada parecía ayudarle. Seguía emitiendo un horrible sonido: «Croac, croac, croac». Finalmente el Gorrión cesó en sus intentos de aprender a cantar. Podía volar y andar, pero no cantar.

Un día se encontró con el Sabio Búho que estaba dentro del hueco de un árbol. El Sabio Búho, su amigo, preguntó al Gorrión por qué estaba tan triste.

«Anímate —le dijo—, las cosas no pueden ir tan mal.»

El Gorrión le contestó: «Las cosas me van considerablemente mal. Soy un pájaro y no sé cantar. ¿Qué podría ser peor?».

El Sabio Búho dijo: «Todo lo que necesitas es a alguien que te enseñe cómo cantar». Ambos, el Sabio Búho y el Gorrión, empezaron a buscar a alguien que pudiera enseñar a cantar al Gorrión. Se fueron a ver a una Vaca que estaba sentada junto a una valla, haciendo «muuu». El Sabio Búho le dijo a la Vaca que el Gorrión necesitaba a alguien que le enseñara a cantar.

La Vaca le dijo: «Para cantar, todo lo que tengo que hacer es muuu, muuu, muuu». Al Gorrión le gustaba el canto de la Vaca. Intentó cantar como ella pero todo lo que le salió fue «croac, croac, croac». El Sabio Búho y la Vaca se taparon los oídos. El sonido que el Gorrión emitía era espantoso.

Tápate los oídos.

Haz «muuu» como una vaca.

El Búho y el Gorrión siguieron su camino buscando a alguien que enseñara a cantar al Gorrión. Oyeron a un pequeño Ratón cantando.

Se pararon y preguntaron: «¿Puedes enseñarle al Gorrión cómo cantar?».

Haz «chiii» como un ratón.

«Por supuesto —dijo el Ratón—, para cantar, todo lo que tengo que hacer es chiii, chiii, chiii». El Gorrión se esforzó en cantar como el ratón. Todo lo que le salió fue «croac, croac, croac». El Sabio Búho y el Ratón se taparon los oídos. El sonido que el Gorrión emitía era espantoso. Era peor que antes.

El Búho y el Gorrión continuaron su búsqueda de alguien que enseñara a cantar al Gorrión. Se fueron hacia un estanque en el que una Mamá Pato estaba nadando junto a sus patitos.

El Búho le dijo a Mamá Pato que el Gorrión estaba buscando a alguien que le enseñara a cantar.

Haz «cuac» como un pato.

Mamá Pato dijo: «Por supuesto. Todo lo que que hacemos es cuac, cuac, cuac». Mamá Pato y sus patitos cantaron a la vez. De nuevo, el Gorrión intentó cantar como los Patos. Pero los únicos sonidos que hizo fueron: «croac, croac, croac». El Búho, Mamá Pato y los Patitos se taparon los oídos. Aquel sonido era espantoso.

El Gorrión, que cada vez se sentía más descorazonado, dijo: «No funciona, nunca seré capaz de cantar. No puedo cantar».

«No lo dejes —le dijo el Sabio Búho—, síguelo intentando. Quizá deberías practicar un poco más. Quédate aquí e intenta tú mismo practicar tu canto.»

El Gorrión se sentó junto al estanque. Intentaba cantar muy flojito para no hacer aquel ruido espantoso. Cantaba: «croac, croac, croac».

Cantó un poco más alto «croac, croac, croac». Una Gran Rana Verde saltó sobre uno de los nenúfares que había en el estanque.

«Qué canción tan bonita estás cantando —dijo la Gran Rana Verde—, vamos a cantar juntos.»

El Gorrión estaba muy sorprendido. Nunca había conocido a nadie a quien le gustara su canto. «Todo lo que sé hacer es croac», le dijo.

La Gran Rana Verde replicó: «Lo sé, y suena precioso». La Rana y el Gorrión cantaron juntos. Cantaron lo mejor que sabían: «croac, croac, croac». Al cabo de poco tiempo, todas las demás ranas del estanque acudieron a escuchar el canto «croac, croac, croac». Todas las ranas disfrutaban con la canción de la Gran Rana Verde y el Gorrión.

«¡Sé cantar! ¡Sé cantar!», exclamó el Gorrión. Todas las ranas chapoteaban en el agua y le aclamaban: «¡El Gorrión sabe cantar!».

Si persistes en el intento, encontrarás un lugar en el que tus talentos sean apreciados.

Consejos para narrar la historia

🌀 Emplea distintas formas de emitir los sonidos del Gorrión cuando canta. Cuando halles el modo que te resulta más confortable, reprodúcelo a lo largo de la historia.

🌀 Cuando el Gorrión se desanima y practica junto al estanque, haz que sus primeros intentos sean prácticamente inaudibles. Incrementa el volumen en cada una de sus siguientes prácticas. Observa a tus oyentes para determinar cuál es el nivel máximo apropiado de los sonidos para sus sensibles oídos.

🌀 Cuando el resto de las ranas se unen a la Rana y al Gorrión, anima a los niños a cantar todos juntos. Puede no sonar como música, pero con esto les demostrarás cuánto pueden divertirse cantando todos juntos.

Preguntas

🌀 ¿Por qué quería cantar el Gorrión?

🌀 ¿Cómo ayuda el Sabio Búho a que el Gorrión aprenda a cantar?

🌀 ¿De qué forma canta cada animal a lo largo del cuento?

CANTANDO

Material

Casetes o compact discs de cantantes solistas y en grupo.

Pasos a seguir

- Pon algunas de las grabaciones de los cantantes.

- Habla sobre los intérpretes, sonidos y canciones de las grabaciones.

- Pide a los oyentes que seleccionen las grabaciones que prefieran. Pregúntales qué es lo que les gusta de la música.

- Selecciona tus grabaciones favoritas y explica por qué lo son.

- Explícales que los gustos musicales cambian a través del tiempo.

MÚSICA EN VIVO

Material

Un cantante o un grupo.

Pasos a seguir

◉ Encuentra un lugar en el
que actúen cantantes. En
el caso de niños
pequeños, es más
adecuado un ambiente
informal o un ensayo. En
este entorno los niños
podrán cantar o moverse
al ritmo de la música sin
restricciones, incrementando con ello la diversión de la actuación.

◉ Llévate a los niños a la actuación.

◉ Al volver de la actuación, cantad juntos algunas de vuestras canciones favoritas.

PLUM, PLAS, TILÍN

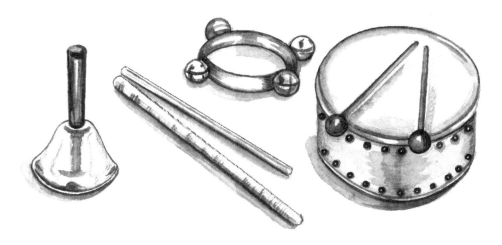

Material

Instrumentos rítmicos o objetos que puedan producir sonidos musicales, incluidos un tambor, palos de batería y campanillas.

Pasos a seguir

◉ Experimentad los sonidos que hacen cada uno de los distintos instrumentos.

◉ Identificad a los personajes del cuento (la Vaca, el Ratón, los Patos y las Ranas) que intentaron que el Gorrión aprendiera a cantar.

◉ Todos juntos, seleccionad un instrumento para representar el sonido que hace cada uno de los animales.

◉ Vuelve a narrar el cuento mientras los niños utilizan los distintos instrumentos para hacer sonidos musicales que acompañen la narración.

El tambor del Rey

EN ESTA VERSIÓN DE UN CUENTO ANANSI,
EL REY DE LA TRIBU DESEA ENCONTRAR EL
MODO DE LLAMAR A SUS SÚBDITOS PARA
QUE ACUDAN A LAS REUNIONES
IMPORTANTES. TODOS PARTICIPAN
EN LA FABRICACIÓN DE UN GRAN TAMBOR
EXCEPTO EL MONO. LOS DEMÁS DECIDEN
QUE DEBERÁ SER EL MONO HOLGAZÁN
QUIEN TRANSPORTE EL GRAN TAMBOR
DESDE EL BOSQUE HASTA EL REY.

Érase una vez un Rey que a menudo debía

convocar a sus súbditos a las reuniones. El Rey tenía que enviar a un mensajero para que fuera por los pueblos convocando a todo el mundo para el encuentro. Muchos de estos poblados se hallaban lejos de la residencia real y los mensajes tardaban mucho tiempo en llegar a todos los súbditos. Después de que los súbditos recibieran los mensajes, debían vestirse con sus mejores galas y emprender un largo camino hacia la reunión. Llevaba largo tiempo transmitir el mensaje y llevaba largo tiempo hacer el viaje. Pasaban muchas semanas antes de que los habitantes de los poblados llegaran hasta la reunión convocada por el Rey.

En una ocasión, cuando finalmente habían llegado todos los súbditos, el Rey los congregó en su residencia. Les contó sus preocupaciones: «Cuando convoco una reunión, transcurre demasiado tiempo hasta el momento en el que podemos encontrarnos todos juntos. ¿Qué sucedería si hubiera un grave peligro o si fuéramos invadidos por el enemigo? Debemos actuar con mayor rapidez».

Habla en tono grandilocuente.

El jefe de los consejeros reales era Anansi, la araña. Le dijo al Rey: «Lo que necesitamos es un enorme tambor. Un tambor que haga un sonido tan fuerte que pueda oírse desde una larga distancia. Todos escucharían el sonido del tambor y acudirían rápidamente».

Haz el sonido de un tambor.

Al Rey, así como al resto de los animales presentes, les encantó la idea de Anansi: fabricar un enorme tambor. Los animales organizaron equipos para llevar a cabo la fabricación del tambor. Un equipo se adentró en el bosque para elegir un árbol. Otro cortó y moldeó el tronco del árbol. Otro de los grupos ahuecó el interior del tronco para conseguir que el tambor hiciera un sonido profundo. Un grupo de escultores decoró el exterior del tambor.

Simula que duermes.

Todo el mundo trabajó en la fabricación del tambor, excepto el Mono. El Mono se limitaba a dormir a la sombra. Anansi vio que el Mono no estaba trabajando. Mientras que el resto de los animales trabajaban en el tambor, el Mono descansaba.

Anansi dijo: «Ya está listo el tambor del Rey».

Sólo quedaba un problema por resolver: ¿quién transportaría el tambor? Era un tambor grande y pesado y había un largo camino desde el bosque hasta la residencia real. Nadie quería transportar el gran y pesado tambor.

El León dijo: «El Antílope podría transportar el tambor».

El Antílope dijo: «El Elefante podría transportar el tambor». Cada uno de los animales pensaba que otro debería cargar con el tambor.

Anansi dijo: «Puesto que nadie quiere transportar el pesado tambor hasta la residencia real, creo que deberá hacerlo el que de entre todos nosotros sea el más holgazán».

El Rey estuvo de acuerdo: «Así es como debe hacerse».

Los animales pensaron: «¿Quién es el más holgazán?». Uno a uno, todos los animales miraron al Mono. El Mono advirtió todas las miradas posándose sobre él, caminó hacia el centro de la reunión y anunció: «Yo no seré quien transporte este pesado tambor».

LA MÚSICA ESTÁ EN TODAS PARTES

Todos empezaron a reír. «Nadie ha dicho tu nombre, Mono. Simplemente nos estábamos preguntando quién era el más holgazán. Pero, al hablar, tú mismo nos has contestado la pregunta.»

Todos los animales estuvieron de acuerdo: «El Mono es el más holgazán de todos».

Y así, fue el Mono quien transportó el gran y pesado tambor desde el bosque hasta la residencia real.

Todo el mundo debe hacer su parte del trabajo.

Consejos para narrar la historia

◎ Antes de iniciar la narración habla sobre el personaje de Anansi, la araña. Habla sobre el hecho de que algunas veces es lista y maliciosa y otras veces hace cosas tontas. En muchas de las historias utiliza su ingenio para burlar a los demás o para conseguir su objetivo.

◎ Utiliza un tambor para enriquecer la narración de la historia, como introducción a la narración o para llamar a todos para su inicio.

Preguntas

◎ ¿Cuál es el problema que el Rey necesita resolver?

◎ ¿Cómo intervinieron los distintos animales en la fabricación del tambor? ¿Cuáles fueron sus tareas?

◎ ¿Cómo sucedió que le fuera encomendada al Mono la tarea de transportar el tambor desde el bosque hasta la residencia real?

ECO DE TAMBORES

Material

Tambores o cacerolas.

Pasos a seguir

🌀 Toca una tonadilla rítmica sobre uno de los tambores o cacerolas.

🌀 Pide a los niños que repitan la tonadilla sobre otro de los tambores o cacerolas.

🌀 Toca otra tonadilla y pide a los oyentes que también la repitan.

🌀 Pide a uno de los niños que toque su propia tonadilla y repítela tú.

🌀 Sigue con las repeticiones de las tonadillas hasta que detectes que los niños se cansan de esta actividad.

MENSAJES URGENTES

Material

Una lata vacía con tapa de
plástico, un tambor, una cacerola.

Pasos a seguir

◎ Inicia una discusión sobre qué
tipos de mensajes podrían ser
enviados tocando el tambor,
por ejemplo: la celebración de
un banquete, el anuncio de un
peligro, los peces han picado o
reunión en la plaza del pueblo.

◎ Anima a los niños a crear sobre
el tambor una tonadilla que
indique un mensaje específico.

◎ ¿Cómo varían los mensajes según lo que se desea comunicar?

◎ Utiliza el tambor para enviar mensajes durante el día: a la hora de la comida, para
indicar que empieza la hora del descanso, para pedir que todos vuelvan adentro.

El ruiseñor

EN ESTA ADAPTACIÓN DE UN CUENTO DE
HANS CHRISTIAN ANDERSEN, SE SUSTITUYE
UN RUISEÑOR Y SU BONITO CANTO POR UNA
PIEZA DE JOYERÍA QUE REPRESENTA UN RUISEÑOR
MECÁNICO. FINALMENTE, EL EMPERADOR
ENFERMA Y EL RUISEÑOR VERDADERO REGRESA
A CANTAR PARA ÉL.

Érase una vez un imperio real en el que vivía su graciosa majestad.

Tenía un suntuoso palacio, con preciosos jardines que se extendían hasta tan lejos como la vista podía alcanzar. Cientos de jardineros cuidaban las hermosas flores, los árboles florecientes y las cristalinas aguas de los estanques. Los jardines eran tan enormes que se extendían a través de tres praderas, hasta llegar al mar.

Allí, en la playa, un modesto pescador recogía su barca. Uno de los grandes placeres del modesto pescador era escuchar la preciosa melodía de la canción del ruiseñor. El ruiseñor vivía en un gran árbol de la tercera pradera.

> Cada noche el modesto pescador escuchaba la melodía del ruiseñor, que le traía paz y descanso hasta la llegada del nuevo día, en el que retomaría de nuevo su duro trabajo.

Gente de todas partes acudía al imperio real para disfrutar de los magníficos jardines y visitar los suntuosos palacios. Los huéspedes del Emperador siempre le hacían cumplidos y le decían que su palacio y sus jardines eran los más bellos del mundo.

Cuando los huéspedes regresaban a sus hogares, escribían una carta de agradecimiento por la hospitalidad del Emperador. Uno de los huéspedes escribió: «Lo más bonito de todo su imperio es el canto del ruiseñor».

El Emperador se sorprendió. Él nunca había oído el canto de un ruiseñor. El prado en el que el ruiseñor habitaba se hallaba lejos de palacio, así que nunca había oído de la existencia de un pájaro llamado ruiseñor. El Emperador llamó a la guardia real y les ordenó que encontraran a ese pájaro que cantaba una bonita melodía. Como los

Señala hacia un lugar lejano.

LA MÚSICA ESTÁ EN TODAS PARTES

guardias nunca se habían aventurado a pasar de las puertas del palacio, tampoco habían escuchado nunca la preciosa melodía del ruiseñor. Al igual que el Emperador, nunca habían oído de la existencia de un pájaro llamado ruiseñor. La guardia real no tenía ni idea de por dónde comenzar la búsqueda del ruiseñor.

Una modesta sirvienta que estaba fregando los suelos de palacio escuchó la discusión de la guardia sobre la orden que les había dado el Emperador de encontrar un pájaro llamado ruiseñor. La sirvienta contó a los guardias que ella sí que había oído el canto del ruiseñor. Les dijo: «El canto del ruiseñor es muy dulce. Cada noche, cuando regreso a mi pequeña casita en el prado, le oigo y me siento reconfortada. La preciosa melodía de sus canciones me da paz, me reconforta y así puedo volver al día siguiente para reemprender mi duro trabajo».

Narra este fragmento con una expresión pacífica y relajada en el rostro.

Los guardias reales le ordenaron a la modesta sirvienta que les guiara hasta el lugar en el que habitaba el ruiseñor. Siguieron a la sirvienta fuera de palacio, a través de todos los jardines y hasta el final de la primera pradera. En la primera pradera oyeron a una vaca que hacía «muuu, muuu». Le hicieron una reverencia y dijeron: «Hemos encontrado la bonita melodía del ruiseñor». La sirvienta se echó a reír y les dijo que eso no era el ruiseñor, eran tan sólo las vacas del granjero.

Haz «muuu» imitando a la vaca.

Más adelante, cuando cruzaban ya la segunda pradera, los guardias oyeron otro sonido que nunca antes habían escuchado. Se trataba de ranas que croaban en el estanque de la granja. Al oír este nuevo sonido, los guardias reales hicieron otra reverencia y dijeron: «Hemos encontrado la bonita melodía del ruiseñor». La sirvienta se echó otra vez a reír y les dijo que no se trataba del ruiseñor, eran sólo las ranas que vivían a orillas del estanque de la granja.

Croa como las ranas.

Empezaba ya a anochecer cuando la sirvienta y la guardia real se adentraron en la tercera pradera, en la que se hallaba el gran árbol. La sirvienta pidió a todos que se quedaran muy quietos y permanecieran en silencio. Así lo hicieron, si bien no les resultó nada fácil, ya que los guardias reales eran también unos reales charlatanes. Cuando finalmente todos estaban ya quietos y en silencio, el ruiseñor empezó a cantar la melodía más preciosa que los guardias nunca antes hubieran podido escuchar.

Todos hicieron una reverencia y exclamaron: «¡Por fin hemos encontrado al ruiseñor!». Le suplicaron que saltara del árbol y el ruiseñor al sentirse reclamado saltó hacia el hombro de la sirvienta.

Los guardias reales se sorprendieron al comprobar que el ruiseñor era simplemente un pájaro de color grisáceo y con pobres alas del mismo color. Esperaban hallar un precioso pájaro multicolor con unas alas tan suaves como la seda.

La sirvienta preguntó al ruiseñor: «¿Querrás regresar con nosotros a palacio y cantar para el Emperador?». El ruiseñor le explicó que él nunca había cantado en un palacio, ya que cantaba mejor al aire libre y en espacios abiertos, pero que lo intentaría. No quería desilusionar a la sirvienta, ya que ella apreciaba su canto. Y así, el ruiseñor gris acompañó a la guardia real y a la sirvienta a través de las tres praderas hasta el palacio real.

Haz ver que acaricias unos largos y suaves ropajes de seda.

Una vez en palacio, los guardias reales, la modesta sirvienta y el ruiseñor acudieron a saludar al Emperador, quien se había ataviado con sus mejores prendas de seda. El Emperador se sentó en el trono real, cuyas joyas centelleaban. Viendo al pequeño pájaro gris, el Emperador se preguntó cómo un ave tan normal podía cantar esa preciosa melodía.

Sin embargo, cuando el ruiseñor empezó a cantar su preciosa melodía, el Emperador se sintió tan emocionado que unas grandes lágrimas empezaron a brotar de sus ojos y a resbalar hasta su larga barba. Se hallaba rendido de júbilo. Nunca antes había escuchado una melodía tan dulce.

El ruiseñor se sentía complacido al ver que su canto hacía que el Emperador se sintiera tan feliz. Éste ofreció al ruiseñor su dorada zapatilla como nido y una percha de oro para que tuviera un lugar en el que posarse y cantar. El ruiseñor le dijo: «Gracias, gran Emperador».

El ruiseñor se quedó en palacio para cantar para el Emperador y para la modesta sirvienta. Cada noche, cuando el ruiseñor cantaba, la modesta sirvienta se sentía reconfortada. La preciosa melodía del ruiseñor le daba paz y la reconfortaba, así podía regresar al día siguiente para reemprender su duro trabajo.

Suspira de felicidad.

Unas semanas más tarde, llegó un paquete especial remitido por uno de los huéspedes que habían visitado el palacio del Emperador. Dentro del paquete había un regalo para el Emperador. Se trataba de un pájaro mecánico que tocaba una preciosa melodía. El pájaro mecánico era de muchos colores y tenía incrustados diamantes, rubíes, esmeraldas y zafiros. En el envoltorio había una carta que decía: «Dadle cuerda y escuchad cómo canta».

Cuando los guardias reales dieron cuerda al bonito pájaro con joyas incrustadas, éste, balanceándose, empezó a cantar. Todo el mundo alabó el invento, maravillados por su canción mecánica y admirados por sus hermosas joyas. El Emperador pidió al ruiseñor que formara un dúo con el pájaro mecánico. El ruiseñor lo intentó, pero cesó al comprobar que sus canciones no podían unirse.

Lanza una exclamación de sorpresa.

Los guardias reales y el Emperador disfrutaban oyendo la canción del pájaro mecánico. Daban cuerda al objeto una y otra vez y escuchaban la canción sin parar. Mientras jugaban con el pájaro mecánico, el ruiseñor voló a través de la ventana, a lo largo de las extensiones de jardines, a través de las tres praderas y hasta lo alto del gran árbol. Esa noche, el ruiseñor cantó su canción para el modesto pescador. Éste, que había olvidado ya la canción, agradeció al ruiseñor que le cantara su preciosa melodía. Le reconfortaba y le daba paz y descanso para poder regresar al día siguiente a su duro trabajo.

El Emperador echaba de menos por la noche la canción del ruiseñor de verdad, pero el pájaro mecánico con joyas incrustadas era más bonito, y lo podía oír todas las veces que quisiera, simplemente dándole cuerda.

Un día, el pájaro mecánico dejó de cantar. Seguía balanceándose, pero ya no cantaba ninguna canción. Hacía un zumbido, un «clic-clac» y se paraba. Permanecía quieto y silencioso. El Emperador, preocupado, mandó llamar al mecánico real para que arreglara el pájaro. Éste fue capaz de arreglarlo pero le dijo al Emperador que debía ir con cuidado y no hacerlo sonar tan a menudo. Así, una vez al día, a la hora de acostarse, el Emperador daba cuerda al ruiseñor mecánico para oír su canción. Pero su sonido ya no era el mismo que cuando era nuevo y el Emperador no hacía más que recordar al ruiseñor de verdad, cuyo canto era tan bonito y melódico.

Unos meses más tarde, el Emperador se puso muy enfermo. Deseaba tener música para poder descansar. Vio al ruiseñor mecánico junto a su cama y le dio cuerda, pero su canción era ya tan desagradable que no le reconfortó.

La modesta sirvienta, que estaba limpiando los aposentos del Emperador, escuchó que éste necesitaba tener música para poder descansar. Salió del palacio y caminó hasta el gran árbol de la tercera pradera, para decirle al ruiseñor que el Emperador estaba muy enfermo y que tenía un único deseo, tener música para poder descansar. El ruiseñor regresó junto a la sirvienta a palacio, para cantar para el Emperador, que estaba gravemente enfermo.

Cada noche, durante un mes, el ruiseñor cantaba para el Emperador. Su bonita melodía reconfortaba al gran Emperador y le daba paz y descanso para que pudiera sentirse mejor.

Suspira de felicidad.

El gran Emperador le estaba agradecido al pequeño ruiseñor gris y se sentía culpable por haberse sentido atraído por el pájaro mecánico con joyas incrustadas. El Emperador le dijo: «Tengo que hacer añicos el pájaro mecánico con joyas incrustadas».

Pero el ruiseñor le dijo: «No lo haga, gran Emperador, el pájaro mecánico incrustado de joyas es todavía un bonito objeto, simplemente no puede cantar».

El gran Emperador le preguntó al ruiseñor si quería vivir en palacio y cantar para él cada noche, pero el ruiseñor le contestó: «No, gran Emperador, pero volaré a través de vuestro imperio y una vez al mes volveré para cantaros una canción que cuente lo que está ocurriendo en él. Cantaré sobre los ricos y los pobres, sobre los que se sienten felices y los que son infelices, los que están enfermos y los sanos, y así podréis saber todo lo que está ocurriendo fuera de los muros del palacio. Seré el pequeño pájaro que se sentará sobre vuestro hombro para contaros todo lo que está sucediendo».

«¿Todo? ¿Cualquier cosa? ¿Cualquier cosa? ¿Todo?», preguntó el gran Emperador. «Todo y cualquier cosa», cantó el ruiseñor. La preciosa y

Suspira de felicidad. melódica canción del ruiseñor reconfortó al gran Emperador y le dio paz y descanso para que pudiera retomar sus funciones.

Y desde ese día el viejo Emperador es el más sabio de todos. ¿Que cómo lo sé? Me lo contó un pequeño pájaro gris de la tercera pradera.

Aprecia a la gente por sus propias habilidades y no hagas caso de las apariencias.

Consejos para narrar la historia

◎ Construye tu propia historia, sin preocuparte
sobre si las descripciones o el estilo son distintos.
Para ello, léete el cuento varias veces y escribe
tu propio borrador (o remítete al resumen del
mismo que se incluye al final del libro).
Determinadas personas recuerdan mejor las
historias mediante frases clave, otras mediante
resúmenes y algunas a través de sus personajes.

◎ Haz que los niños se unan a ti cada vez que
repitas la frase: «El precioso y melódico canto
del ruiseñor me trae paz y descanso».

◎ Utiliza un xilófono para acompañar la narración.
Cada vez que el ruiseñor de verdad entone su
canto, haz correr el mazo a través de las barras desde el tono más bajo al más elevado
mediante un ligero toque.

◎ Utiliza la mímica para escenificar a los personajes dando cuerda al pájaro mecánico, y
al mecánico real intentando reparar el pájaro.

◎ Haz una reverencia cuando narres los fragmentos que hacen referencia a los guardias
después de oír a la vaca, a las ranas y finalmente al ruiseñor.

Preguntas

◎ ¿Os gusta jugar con coches de cuerda o montar en los coches que hay en los parques de
atracciones?

◎ ¿Qué preferiríais ver, un pájaro de peluche o un pájaro de verdad? ¿Por qué?

◎ ¿Qué diferencias hay entre pasear por el bosque o ver una cinta de vídeo sobre un paseo
por el bosque?

REAL VERSUS MECÁNICO

Material

Un animal a cuerda o de peluche, un animal de verdad (un gato, perro…).

Pasos a seguir

🌀 Jugad con el gato o el perro.

🌀 Dadle cuerda al jugete o coged el peluche.

🌀 Jugad con el jugete de cuerda, ignorando al animal de verdad.

🌀 Conversad sobre las diferencias que hay entre jugar con un animal de verdad y uno de juguete.

¿REAL O IMAGINARIO?

Material

Una enciclopedia (en papel o en CD) o un libro sobre aves, papel y un rotulador.

Pasos a seguir

🌀 Pregunta a los niños si han visto u oído alguna vez un ruiseñor.

🌀 Pregúntate en voz alta si el ruiseñor en un pájaro real o imaginario.

🌀 Escribe la palabra «ruiseñor» en una hoja de papel.

🌀 Junto con los niños, buscad la palabra «ruiseñor» en un libro sobre aves o en la enciclopedia.

🌀 Lee en voz alta la descripción que hayáis encontrado sobre el ruiseñor y pide a los niños que decidan si se trata de un pájaro de verdad o de un pájaro que sólo aparece en los cuentos.

POR FAVOR, CUÉNTALO DE NUEVO

Material

Papel, rotulador.

Pasos a seguir

🌀 Dibuja la silueta de un pájaro o escribe el nombre «ruiseñor» en una hoja de papel y dásela a los niños.

🌀 Narra de nuevo el cuento, invitando a los niños a levantar la hoja de papel cada vez que nombres la palabra «ruiseñor». Si cuentas la historia a varios niños, dale a cada uno una hoja de papel en la que ponga «Ruiseñor» o dale a cada uno una silueta recortada de los distintos personajes que aparecen en el cuento.

LA MÚSICA ESTÁ EN TODAS PARTES

Fichas

DIMINUTO

PERSONAJES: UNA MUJER DIMINUTA, UN PERRO DIMINUTO, UNA VOZ

🌀 La mujer diminuta vive en una casa diminuta.

🌀 Una noche, sale a dar un diminuto paseo.

🌀 Pasa por un cementerio y encuentra un hueso.

🌀 Se lo lleva a casa para su diminuto perro.

🌀 Guarda el hueso dentro de su diminuto armario.

🌀 Se mete en su diminuta cama.

🌀 Oye a lo lejos una diminuta voz que le dice: «¡Dame mi hueso!».

🌀 Asustada, se lleva la manta a la barbilla.

🌀 Oye cómo la diminuta puerta de su casa se abre chirriando.

🌀 La voz, más cercana y más fuerte, le dice: «¡Dame mi hueso!».

🌀 La mujer diminuta se incorpora en la cama.

🌀 Responde con una voz nada diminuta:

🌀 «¡Cógelo!»

CÓMO CONTAR CUENTOS A LOS NIÑOS

EL HOMBRE QUE LLEGA HASTA LAS RODILLAS

PERSONAJES: EL HOMBRE QUE LLEGA HASTA LAS RODILLAS, EL SEÑOR CABALLO, EL SEÑOR TORO, EL SEÑOR BÚHO ULULATO

- El Hombre que Llega Hasta las Rodillas era de esa medida, llegaba a las rodillas.
- Quería ser más grande, alto y fuerte.
- Le preguntó al señor Caballo cómo podría conseguirlo.
- El señor Caballo le dijo que comiera kilos y kilos de trigo y que corriera.
- El Hombre que Llega Hasta las Rodillas lo hizo, pero cogió dolor de estómago y de piernas.
- Después le hizo al señor Toro la misma pregunta.
- El señor Toro le dijo que comiera acres y acres de hierba y que mugiera.
- El Hombre que Llega Hasta las Rodillas lo hizo, pero además de dolor de estómago, también le dolió la garganta.
- Le hizo al señor Búho Ululato la misma pregunta.
- El señor Búho Ululato le preguntó que por qué quería cambiar.
- El Hombre que Llega Hasta las Rodillas le contestó que para que no pudieran vencerle si se pelaba con alguien.
- El señor Búho Ululato le preguntó si alguna vez alguien había intentado pelearse con él.
- El Hombre que Llega Hasta las Rodillas le contestó que no, pero que le gustaría ser alto para poder ver hasta más lejos.
- El señor Búho Ululato le dijo que podía trepar a un árbol para poder ver hasta más lejos.
- El Hombre que Llega Hasta las Rodillas no necesitaba cambiar.
- Sólo necesitaba usar su cerebro.

LA HISTORIA DEL PATITO FEO

PERSONAJES: MAMÁ PATO, LOS PATITOS, EL PATITO FEO, OTROS PATOS, UNA VIEJECITA, UN GRANJERO, SU ESPOSA Y SUS HIJOS, CISNES

🌀 Una mamá pato estaba en el bosque, sentada sobre sus huevos.

🌀 Los huevos empezaron a partirse y salieron unos patitos encantadores.

🌀 Cuando se abrió el huevo más grande salió un patito feo.

🌀 Mamá pato llevó a sus patitos a zambullirse en el agua del lago.

🌀 Los otros patos se burlaban del patito feo.

🌀 El patito feo se escapó y se escondió en un pantano.

🌀 Los patos salvajes del pantano también se burlaban de él.

🌀 Encontró un nuevo hogar en casa de una viejecita.

🌀 La casa de la viejecita era muy oscura, por lo que decidió volver al lago.

🌀 El lago estaba frío, y el patito feo se congeló.

🌀 Un granjero le quitó la capa de hielo que le cubría y se lo llevó a casa.

🌀 La mujer y los hijos del granjero se reían del patito feo.

🌀 El patito feo se escapó y se fue al pantano.

🌀 Cuando llegó la primavera, el patito feo vio algunos hermosos cisnes.

🌀 Después vio su reflejo en el agua.

🌀 Se alegró al comprobar que era un hermoso cisne.

🌀 Unos niños que había por allí dijeron que era el cisne más bonito de todos.

CÓMO CONTAR CUENTOS A LOS NIÑOS

LOS TRES CABRITOS

PERSONAJES: PEQUEÑO CABRITO BRUTO, MEDIANO CABRITO BRUTO, MAYOR
CABRITO BRUTO, UN VIEJO DUENDE

- Pequeño Cabrito Bruto, Mediano Cabrito Bruto y Mayor Cabrito Bruto vivían al lado de un valle.

- Los cabritos mayores advertían a su hermano pequeño de que no cruzara el puente porque bajo el puente vivía un viejo duende huraño.

- Pequeño Cabrito quería comer la hierba que había al otro lado del puente.

- Trip-trap, trip-trap, cruzaba el puente trotando.

- «¿Quién está trotando por mi puente?», preguntó el duende.

- El duende amenazaba con comérselo, pero el pequeño cabrito le dijo que esperara a que su hermano mediano viniera a buscarle.

- El duende le dejó pasar y esperó a su hermano mediano.

- Trip-trap, trip-trap, el cabrito mediano cruzaba el puente trotando.

- «¿Quién está trotando por mi puente?», preguntó el duende.

- El duende amenazaba con comérselo, pero el cabrito mediano le dijo que esperara a que su hermano mayor viniera a buscarle.

- El duende le dejó pasar y esperó a su hermano mayor.

- Trip-trap, trip-trap, el cabrito mayor cruzaba el puente trotando.

- «¿Quién está trotando por mi puente?», preguntó el duende.

- El duende amenazó con comérselo.

🌀 El cabrito mayor dijo: «Acérquese y vea lo enorme que soy y lo dura que debe de estar mi carne».

🌀 Cuando el duende llegó hasta él, el cabrito le dio tal cabezazo que salió volando por los aires.

🌀 Desde aquel día, los tres Cabritos Brutos cruzan a diario el puente de madera.

LA LIEBRE Y LA TORTUGA

PERSONAJES: LA LIEBRE, AMIGOS, LA TORTUGA, EL ZORRO Y LA MULTITUD

◉ Una liebre se enorgullecía de lo rápido que podía correr.

◉ Se encontró con una tortuga que se arrastraba lentamente por la carretera.

◉ Se rió de la tortuga por el hecho de ser tan lenta.

◉ La tortuga afirmó que podía ser más rápida que la liebre.

◉ La liebre retó a la tortuga a una carrera.

◉ La carrera dio comienzo y la liebre arrancó a toda velocidad.

◉ Al poco tiempo la liebre se percató de que la tortuga estaba mucho más lejos.

◉ Decidió echar un sueñecito bajo el cálido sol.

◉ La tortuga siguió moviéndose, lenta pero constante.

◉ La tortuga adelantó a la liebre, que seguía durmiendo.

◉ Cuando la liebre se despertó, regresó al camino para continuar con la carrera.

◉ Pronto se dio cuenta de que la tortuga le había adelantado.

◉ La tortuga llegó primero a la meta.

SOPA DE CLAVO

PERSONAJES: UN VAGABUNDO Y UNA VIEJECITA

◎ Un vagabundo hambriento llamó a la puerta de una casita de campo.

◎ Una viejecita le dejó entrar, pero le dijo que no tenía comida.

◎ Le dijo que podría hacer una deliciosa sopa, hirviendo un clavo en una olla de agua.

◎ La mujer tenía curiosidad por probar la sopa de clavo.

◎ El vagabundo echó un clavo en una olla llena de agua hasta la mitad y puso la olla en la hornilla.

◎ El vagabundo dijo: «Sopa de clavo, deliciosa sopa de clavo. Señora, cuando hice esta sopa ayer por la noche lo único que le faltaba fue un poco de sal y de pimienta; supongo que no tiene sal y pimienta. ¿Tiene? A la sopa que preparé anoche sólo le hacía falta un poco de sal y de pimienta para ser perfecta».

◎ La viejecita le contestó: «¿Sal y pimienta? Creo que queda un poco de sal y de pimienta en este armario vacío».

◎ El vagabundo añadió la sal y la pimienta al agua que burbujeaba con el clavo.

Repite la frase de antes (empezando con: «El vagabundo dijo...») y ve sustituyendo en cada caso sal y pimienta por: media cebolla, algunas zanahorias, unas patatitas y una col pequeña.

◎ La sopa hervía y en ella se cocinaban deliciosas verduras.

◎ Después de añadir las verduras, el vagabundo sugirió a la viejecita que removiera la sopa y oliera su delicioso aroma.

🌀 La viejecita dijo: «Sólo necesitamos añadir un poco de carne para que salga perfecta».

🌀 Troceó un poco de rosbif y lo añadió a la sopa.

🌀 El vagabundo sugirió que dispusieran una mesa propia de la realeza y que añadieran una barra de pan.

🌀 El vagabundo y la viejecita compartieron una encantadora cena.

🌀 La viejecita invitó al vagabundo a que se quedara a pasar la noche frente al calor de la chimenea.

🌀 Se fue al día siguiente con el clavo en el bolsillo.

JUANITO EL PASTELITO

PERSONAJES: VIEJECITO, VIEJECITA, NIÑO, JUANITO EL PASTELITO, EXCAVADOR DEL POZO, EXCAVADOR DE LA ZANJA, OSO, LOBO, ZORRO

🌀 Una viejecita hizo un pastel para el postre. El pastel se llamaba Juanito el Pastelito.

🌀 Le pidió a su hijo que vigilara el horno.

🌀 El niño se olvidó de vigilarlo, el horno estalló y Juanito el Pastelito salió rodando.

🌀 El niño le gritaba: «Para, para, para, Juanito el Pastelito».

🌀 Sus padres oyeron los gritos y también persiguieron a Juanito el Pastelito.

🌀 Pronto se quedaron sin respiración y se sentaron a un lado del camino.

🌀 Juanito el Pastelito adelantó a un hombre que excavaba para hacer un pozo. El excavador le dijo a voces: «Juanito el Pastelito, ¿adónde vas tan rápido?».

🌀 Juanito el Pastelito respondió sin dejar de rodar: «¡Corro más rápido que el niño, que el viejecito y que la viejecita, y también puedo correr más rápido que túuuuu!».

🌀 El excavador del pozo le contestó: «Yo soy más rápido que todos ellos».

🌀 Empezó a perseguir a Juanito el Pastelito pero pronto se quedó sin respiración y se sentó a un lado del camino.

🌀 Juanito el Pastelito siguió rodando hasta que adelantó a un hombre que excavaba para hacer una zanja. Le dijo: «Juanito el Pastelito, ¿adónde vas tan rápido?».

🌀 Juanito el Pastelito respondió: «¡Corro más rápido que...» (listado de personajes).

- El excavador de la zanja le contestó: «Yo soy más rápido que todos ellos».

- Empezó a perseguir a Juanito el Pastelito pero pronto se quedó sin respiración y se sentó a un lado del camino.

- Juanito el Pastelito siguió rodando hasta que adelantó a Oso. Oso gruñó: «Juanito el Pastelito, ¿adónde vas tan rápido?».

- Juanito el Pastelito respondió: «¡Corro más rápido que...» (listado de personajes).

- Oso le contestó: «Yo soy más rápido que todos ellos».

- Oso empezó a perseguir a Juanito el Pastelito pero pronto se quedó sin respiración y se sentó a un lado del camino.

- Juanito el Pastelito siguió rodando hasta que adelantó a Lobo. Lobo aulló: «Juanito el Pastelito, ¿adónde vas tan rápido?».

- Juanito el Pastelito respondió: «¡Corro más rápido que...» (listado de personajes).

- Lobo le contestó: «Yo soy más rápido que todos ellos».

- Lobo empezó a perseguir a Juanito el Pastelito pero pronto se quedó sin respiración y se sentó a un lado del camino.

- Juanito el Pastelito siguió rodando hasta que adelantó a Zorro, quien le dijo: «Juanito el Pastelito, ¿adónde vas tan rápido?».

- Juanito el Pastelito respondió: «¡Corro más rápido que...» (listado de personajes).

- Zorro le dijo: «¿Qué dices? Acércate más, no puedo oírte».

- Juanito el Pastelito se acercó más y repitió lo que había dicho.

- Y dijo el Zorro: «¿Puedes? ¿De verdad?». Rápidamente abrió su enorme boca y con sus afilados dientes partió en dos a Juanito el Pastelito mientras se relamía y ponía en blanco sus astutos ojos.

LA COMPETICIÓN DE VUELO O CÓMO COLIBRÍ SE CONVIRTIÓ EN REY DE LOS PÁJAROS

PERSONAJES: PÁJAROS, LEÓN, HALCÓN, COLIBRÍ Y RUISEÑOR

🌀 Los pájaros querían tener un rey para que gobernara sobre los cielos.

🌀 Convocaron una reunión de pájaros.

🌀 León preguntó cómo decidirían quién sería el rey.

🌀 Halcón sabía que él volaba más alto que ningún otro pájaro.

🌀 Quería sugerir que nombraran rey al pájaro que volara más alto.

🌀 Colibrí sabía que era el pájaro más pequeño, pero que era muy listo.

🌀 Quería sugerir que nombraran rey al pájaro más listo.

🌀 Ruiseñor sabía que él era el mejor cantante pero quería encontrar un medio justo para nombrar al rey.

🌀 Propuso que fuera rey el pájaro que volara más alto.

🌀 Halcón estaba seguro de que ganaría.

🌀 Halcón no se dio cuenta de que Colibrí estaba volando en su espalda.

🌀 Halcón voló más y más alto.

🌀 Cuando Halcón bajó del cielo, los demás pájaros dijeron que Halcón debería ser el rey.

🌀 Después se dieron cuenta de que Colibrí estaba posado en su espalda.

🌀 Nombraron Rey de los Pájaros a Colibrí.

EL INCREÍBLE PARTIDO EN EL CIELO

PERSONAJES: ANIMALES DE PELO (OSO, CIERVO, LOBO, NUTRIA, MAPACHE, CASTOR, CONEJO Y ARDILLA); ANIMALES DE PLUMA (ÁGUILA, GAVILÁN, PATO, CIGÜEÑA, GAVIOTA, CUERVO, ARRENDAJO AZUL Y GORRIÓN) Y MURCIÉLAGO

- Hace muchos años, los animales del bosque tuvieron una gran discusión y decidieron arreglar sus diferencias mediante un partido de Lacrosse.

- Los animales de pelo estaban en el lado norte del campo de juego, y los animales de pluma en el lado sur.

- Una diminuta y misteriosa criatura quería jugar, pero no la dejaban porque ni tenía pelo ni tenía plumas.

- «No se debe excluir a nadie que quiera jugar», dijo Nutria. Así que la extraña criatura jugó en el equipo de los animales de pelo.

- Cuando tiraron la pelota, Ciervo la agarró y corrió.

- Cigüeña voló y le cogió la pelota.

- Lobo recuperó la pelota y se la tiró a Castor.

- Gavilán voló y le quitó la pelota a Castor.

- Los pájaros fueron pasándose la pelota en el cielo hasta que se puso el sol.

- De repente, la diminuta criatura voló, les arrebató la pelota a los pájaros y cruzó la portería sur.

- Los animales de pelo gritaban: «Hemos ganado, hemos ganado».

- La diminuta y misteriosa criatura dijo que su nombre era Murciélago.

- Desde entonces y para siempre, la recompensa del Murciélago es dormir durante el día y poder cazar todos los insectos que quiera durante la noche.

EL RATÓN DE CIUDAD Y EL RATÓN DE CAMPO

PERSONAJES: RATÓN DE CIUDAD, RATÓN DE CAMPO,
LOS VECINOS Y EL SABIO Y VIEJO BÚHO

⊚ El Ratón de Ciudad vivía en un ático.

⊚ El Ratón de Ciudad era un ratón muy solitario.

⊚ Al Ratón de Ciudad le gustaba el queso envuelto en hojas de papel.

⊚ Detestaba el chirriante tráfico y todos los ruidos de la ciudad.

⊚ Un día, el portero le entregó una carta dirigida al Ratón de Ciudad.

⊚ La carta decía: «Ven a la reunión familiar que tendrá lugar en un pequeño pueblo del norte. Tus primos de todas partes estarán allí para participar en un picnic que se hará en el prado».

⊚ El Ratón de Campo tenía un bonito porche trasero que daba al prado.

⊚ A todos sus vecinos les gustaba sentarse allí y contemplar la puesta de sol.

⊚ Al Ratón de Campo le desagradaba toda aquella charla y parloteo.

⊚ No le gustaba tener que limpiar después de que todos hubieran regresado a sus hogares.

⊚ Deseaba poder comer queso en lugar de requesón.

⊚ Una tarde, el descenso súbito de un búho doblando la esquina de la casa, hizo que todo el mundo huyera a toda prisa.

⊚ Se le cayó una carta que decía: «Ven a la reunión familiar que tendrá lugar en un pequeño pueblo del interior. Tus primos de todas partes estarán allí para participar en un picnic que se hará en el prado».

◎ El Ratón de Campo recordó a su primo de la gran ciudad.

◎ Deseaba preguntarle cosas sobre la vida en la ciudad.

◎ Decidió acudir a la reunión en el prado.

◎ Los dos primos compartieron mesa y charlaron.

◎ El Ratón de Ciudad habló sobre su vida en la gran ciudad.

◎ El Ratón de Campo habló sobre su vida en el pueblo.

◎ Cada uno de los ratones pensaba que el otro tenía una vida mejor.

◎ El Sabio y Viejo Ratón les dijo: «Si no os gusta cómo es vuestra vida, cambiadla».

◎ Decidieron intercambiar sus formas de vida y así cada uno se trasladó al hogar del otro.

◎ Al Ratón de Campo le gustaba la gran, excitante y ruidosa ciudad.

◎ Al Ratón de Ciudad le gustaba tener el porche trasero de su casa lleno de vecinos.

◎ Cada año, en la reunión familiar, roían queso envuelto en hojas de papel y hablaban sobre lo afortunados que se sentían de vivir en sus nuevos hogares.

LAS MALAS COSTUMBRES DEL MONO Y LA CONEJITA

PERSONAJES: EL MONO Y LA CONEJITA

🌀 El Mono y la Conejita disfrutaban hablando juntos.

🌀 Pero cada uno de ellos tenía un problema con el otro que le distraía.

🌀 El Mono se rascaba mientras hablaba.

🌀 La Conejita olfateaba, movía el hocico y meneaba las orejas

🌀 El Mono le pidió a la Conejita que dejara sus malas costumbres.

🌀 La Conejita se quejó de que el Mono no parara de rascarse.

🌀 Decidieron hacer una prueba para intentar romper sus malas costumbres.

🌀 El Mono estuvo de acuerdo en pasarse todo el día sin rascarse.

🌀 La Conejita estuvo de acuerdo en dejar de olfatear y mover el hocico.

🌀 A ambos les resultó muy difícil permanecer sentados quietos.

🌀 Decidieron contar historias para pasar el tiempo.

🌀 La Conejita contó una historia sobre una sospecha de que había un león en la hierba.

🌀 Mientras la contaba no paraba de olfatear, mover el hocico y menear las orejas.

🌀 El Mono habló sobre unos niños que le atacaron tirándole cocos.

🌀 Mientras hablaba se rascaba la cabeza, la barbilla y los brazos.

🌀 La Conejita y el Mono se echaron a reír.

🌀 Acabaron concluyendo que no podían romper sus malas costumbres.

LA MUJER QUE QUERÍA MÁS RUIDO

PERSONAJES: LA MUJER, SU PRIMO, EL VECINO, LA VACA, EL PERRO, EL GATO, LOS PATOS, LAS GALLINAS, EL GALLO, LOS POLLITOS, EL CERDO Y LOS NIÑOS

◎ Había una vez una mujer que vivía en la ciudad.

◎ Amaba todos los ruidos y los sonidos de la ciudad.

◎ Su primo le ofreció un hogar en el campo.

◎ La mujer de ciudad pensó que podía ser bonito vivir en una granja.

◎ Le gustaron las tierras, el huerto, el granero y el jardín.

◎ Pero no podía dormir por las noches, porque todo estaba muy tranquilo.

◎ Le preguntó a un vecino qué podía hacer para que hubiera más ruido en su granja.

◎ El vecino le aconsejó que comprara animales que hicieran ruido.

◎ La mujer compró una vaca y la puso en el granero.

◎ La vaca hacía un magnífico ruido (múuu), pero no era suficiente.

◎ Se compró un perro y le alimentó bien.

◎ El perro hacía un magnífico ruido (guau), pero no era suficiente.

◎ Compró un gato para que viviera dentro de la casa.

◎ El gato hacía un magnífico ruido (miau), pero no era suficiente.

◎ Compró algunos patos y los puso en el estanque.

◎ Los patos hacían un magnífico ruido (cuack), pero no era suficiente.

⊚ Compró gallinas, un gallo y pollitos.

⊚ Hacían un magnífico ruido (coooq), pero no era suficiente.

⊚ Compró un cerdo y se lo llevó a la granja.

⊚ Hacía un magnífico ruido (oink), pero no era suficiente.

⊚ Compró un viejo y estropeado coche con una sonora bocina.

⊚ Hacía un magnífico ruido (piiip), pero no era suficiente.

⊚ La mujer seguía sin poder dormir por las noches; todo estaba demasiado tranquilo.

⊚ La mujer trajo grupos de niños para que visitaran su granja.

⊚ Eran muy ruidosos y hacían un magnífico ruido.

⊚ Ahora, los animales harían sus ruidos, la mujer tocaría la bocina y los niños jugarían.

⊚ Finalmente la mujer sintió que ya había suficiente ruido.

⊚ Con todos estos ruidos, ya podía dormir por las noches.

EL GUANTE PERDIDO CON PEQUEÑOS Y BRILLANTES ABALORIOS

PERSONAJES: LA ABUELA, EL NIETO, EL RATÓN DE CAMPO, LA RANA, EL BÚHO, EL CONEJO, EL ZORRO, EL LEÓN DE MONTAÑA Y EL GRILLO

- Una abuela y su nieto vivían en los bosques.

- Un día la abuela envió al niño a buscar leña al bosque.

- El niño se puso los bonitos guantes forrados de piel, con pequeños y brillantes abalorios que su abuela le había hecho.

- El niño tiró de su trineo adentrándose en el bosque en busca de leña.

- Perdió uno de sus bonitos guantes con pequeños y brillantes abalorios.

- Lo buscó pero no pudo encontrarlo y regresó a su hogar.

- Mientras, el bonito guante forrado con pequeños y brillantes abalorios permanecía tirado sobre la nieve.

- El Ratón de Campo tenía mucho frío y se escurrió hacia el interior del guante.

- Justo cuando ya estaba instalado, escuchó a alguien que decía: «Hace mucho frío aquí fuera. Por favor, ¿puedo entrar?».

- «¿Quién está ahí fuera, en el frío?», preguntó el Ratón de Campo.

- «Soy yo, la Rana, y tengo mucho frío.»

- «Sí, por supuesto, aquí siempre hay sitio para uno más.»

- Y así, la Rana saltó hacia el interior del bonito guante forrado con pequeños y brillantes abalorios pegados en el interior.

- Repite las líneas escritas entre comillas, añadiendo los siguientes animales: el Búho, el Conejo y el Zorro.

- Justo cuando ya estaban instalados oyeron a alguien que decía: «Hace mucho frío aquí fuera. Por favor, ¿puedo entrar?».

- «¿Quién está ahí fuera, en el frío?», preguntaron los cálidos amigos.

- «Soy yo, el León de Montaña, y tengo mucho frío.»

- «¡No! Se está demasiado apretado aquí», dijeron los animales.

- Pero el León de Montaña suplicó y rogó hasta que le dejaron entrar.

- «Sí, por supuesto, aquí siempre hay sitio para uno más.»

- Y así, el León de Montaña se arrastró hasta el interior del bonito guante forrado con pequeños y brillantes abalorios pegados en el exterior.

- Justo cuando ya estaban instalados oyeron a alguien que decía: «Hace mucho frío aquí fuera. Por favor, ¿puedo entrar?».

- «¿Quién está ahí fuera, en el frío?», preguntaron los cálidos amigos.

- «Soy yo, el Grillo, y tengo mucho frío.»

- Los animales pensaron que si había podido entrar un gran León de Montaña dentro del guante, podían dejar espacio para el pequeño grillo.

- «Sí, por supuesto, aquí siempre hay sitio para uno más.» Y todos contuvieron el aliento para hacer sitio al Grillo.

- El bonito guante forrado de piel se ensanchó y se ensanchó hasta que estalló y todos salieron despedidos cayendo sobre la nieve.

- Todos menos el Grillo regresaron rápidamente a sus hogares del bosque.

- El Grillo recogió un trozo de la tela del guante que tenía un pequeño y brillante abalorio pegado en el exterior e hizo de él su hogar.

🌀 Esa primavera, el niño encontró el pedazo de tela del guante con el Grillo dentro.

🌀 El Grillo saltó sobre su hombro y le contó toda la historia.

LOS MÚSICOS DE BREMEN

PERSONAJES: EL BURRO, EL PERRO, LA GATA, EL GALLO Y LOS LADRONES

- ◎ Un burro oyó que su amo planeaba deshacerse de él.

- ◎ El burro podía hacer mucho ruido al rebuznar.

- ◎ Decidió emprender el camino hacia Bremen para convertirse en un músico callejero.

- ◎ Durante el camino hacia Bremen, vio a un perro tirado en el suelo.

- ◎ El perro le contó que su amo ya no quería saber nada de él.

- ◎ «Vente conmigo —le dijo el burro—. Me dirijo a Bremen para ser músico callejero.»

- ◎ El perro estuvo de acuerdo y ambos, el burro y el perro, empezaron a caminar juntos.

- ◎ Vieron a una gata que parecía muy triste, sentada junto a la carretera.

- ◎ Les contó que sus dientes ya no estaban lo suficientemente afilados y que tenía graves problemas para seguir capturando ratones.

- ◎ «Ven con nosotros —le dijo el burro—. Nos dirigimos a Bremen para ser músicos callejeros.»

- ◎ La gata estuvo de acuerdo y todos, el burro, el perro y la gata, empezaron a caminar juntos.

- ◎ Pasaron junto a un corral en el que un gallo estaba cantando.

- ◎ Acababa de saber que le querían poner en la sopa.

- ◎ «Ven con nosotros —le dijo el burro—. Nos dirigimos a Bremen para ser músicos callejeros.»

CÓMO CONTAR CUENTOS A LOS NIÑOS

- El gallo estuvo de acuerdo y todos, el burro, el perro, la gata y el gallo, empezaron a caminar juntos.

- Pasaron junto a una casa, en la que decidieron pasar la noche.

- El burro miró a través de la ventana y vio un grupo de ladrones, montones de comida y bolsas con oro y plata.

- Los cuatro músicos hicieron un fuerte ruido y asustaron a los ladrones que huyeron a toda prisa.

- Se instalaron en la casa para dormir cerca del cálido fuego.

- Pero durante la noche, uno de los ladrones regresó sigilosamente al interior de la casa.

- La gata saltó sobre él y le arañó. El perro ladró y le mordió, el burro le golpeó y el gallo cacareó muy fuerte.

- El ladrón pensó que dentro de la casa había un monstruo y nunca más regresó.

- Los cuatro músicos tuvieron un buen hogar y suficiente plata y oro hasta el final de sus vidas.

- Probablemente todavía están allí, tocando música juntos.

EL GORRIÓN QUE NO SABÍA CANTAR

PERSONAJES: EL GORRIÓN, EL SABIO BÚHO, LA VACA, EL RATÓN, MAMÁ PATO Y LA RANA VERDE

🌀 Un pequeño Gorrión no sabía cómo cantar.

🌀 Cuando lo intentaba, hacía un sonido horrible.

🌀 Le contó su problema al Sabio Búho.

🌀 Ambos le pidieron a una Vaca que enseñara al Gorrión a cantar.

🌀 La Vaca contestó que ella, para cantar, sólo tenía que hacer «múuu, múuu».

🌀 El Gorrión cantó «croac, croac, croac».

🌀 Le preguntaron a un pequeño Ratón si podía enseñar al gorrión a cantar.

🌀 Éste les dijo que sólo tenía que hacer «chiii, chiii, chiii».

🌀 El Gorrión lo intentó, pero sólo le salió un sonido horrible.

🌀 Le preguntaron a Mamá Pato si podía enseñar al Gorrión a cantar.

🌀 Ésta les dijo que sólo tenía que hacer «cuac, cuac, cuac».

🌀 Pero el Gorrión todavía hacía «croac, croac, croac».

🌀 El Sabio Búho le pidió al Gorrión que no se desanimara.

🌀 Una Rana Verde oyó al Gorrión practicando.

🌀 A la Rana le gustaba el bonito canto del Gorrión.

🌀 Juntos, empezaron a cantar: «croac, croac, croac».

EL TAMBOR DEL REY

PERSONAJES: EL REY, EL MENSAJERO, LOS HABITANTES, ANANSI Y EL MONO

- El Rey convocaba a sus súbditos a las reuniones.

- Debía enviar un mensajero para comunicarlo a los habitantes de los distintos pueblos.

- Pasaban muchas semanas antes de que todos pudieran reunirse.

- El Rey quería encontrar un modo rápido de comunicarse.

- Anansi, la araña, le sugirió que necesitaba un gran tambor.

- Un tambor podía oírse desde larga distancia.

- Los animales se organizaron en equipos de trabajo.

- Todos trabajaron duro en la fabricación del tambor.

- Todos, excepto el Mono que en lugar de trabajar, descansaba.

- El Rey pidió a los animales que transportaran el tambor.

- Era un tambor muy pesado y nadie quería transportarlo.

- Decidieron que debería hacerlo quien, de todos ellos, fuera el más perezoso.

- Todas las miradas se posaron sobre el Mono, pero éste rehusó.

- Los animales estuvieron de acuerdo, el Mono era el más perezoso.

- Tuvo que transportar el pesado tambor hasta la residencia del Rey.

EL RUISEÑOR

PERSONAJES: EL EMPERADOR, EL RUISEÑOR, EL PESCADOR, LOS HUÉSPEDES, LOS GUARDIAS, LA SIRVIENTA Y EL PÁJARO MECÁNICO

◉ Un gran Emperador tenía un suntuoso palacio.

◉ Un ruiseñor vivía en uno de sus jardines.

◉ Su precioso canto encandilaba a muchos de los huéspedes.

◉ El Emperador ordenó a su guardia que encontrara el pájaro.

◉ Una modesta sirvienta guió a los guardias hasta el ruiseñor.

◉ Al Emperador le encantó el precioso canto del ruiseñor.

◉ Más tarde, el Emperador recibió como regalo un pájaro mecánico.

◉ El pájaro funcionaba a cuerda, tenía joyas incrustadas, se balanceaba y cantaba.

◉ Al Emperador le gustó el pájaro mecánico.

◉ El ruiseñor verdadero regresó volando a su árbol.

◉ Un día, el pájaro mecánico se estropeó.

◉ El Emperador hizo que lo arreglaran, pero ya no era lo mismo.

◉ El Emperador cayó enfermo y quería tener de nuevo al ruiseñor de verdad.

◉ La sirvienta fue a buscar al ruiseñor, regresó con él y el Emperador recuperó su salud.

◉ El pájaro regresaba cada mes al palacio.

◉ Cantaba al Emperador sobre todo lo sucedido en su reino durante aquel tiempo.

Fuentes de los cuentos

OTRAS MANERAS DE CONTARLOS, JUNTO CON VARIANTES,
ADAPTACIONES E HISTORIAS NUEVAS

Las historias multiculturales que figuran en este libro se han adaptado para los niños pequeños. Algunas de ellas están basadas en cuentos tradicionales y siguen su estructura. En muchas ocasiones, los relatos que narramos a los niños se basan en antologías y recopilaciones tradicionales, y en otras surgen de aquellos que recordamos de nuestra infancia.

Siempre que se narra de nuevo una historia, la nueva versión es la construcción que el narrador hace sobre la que oyó o leyó en el pasado. A modo de ejemplo, «El Hombre que Llega hasta las Rodillas» es una nueva versión de una historia que oímos cuando éramos niñas y que más tarde leímos en una colección de cuentos sureños. Nuestra versión se mantiene fiel a los personajes y escenas del cuento original.

Cualquier variante sobre un cuento constituye el «toque especial» de cada narrador, que favorece la creación de una forma de diálogo y de interacción con el interlocutor. Ese «toque especial» es lo que hace que la historia tome vida sin dejar de mantenerse fiel a los personajes y acontecimientos del relato original. Por ejemplo, en «Los músicos de Bremen» existen patrones de interacción que se manifiestan mediante frases recurrentes y acciones que se repiten con objeto de facilitar la narración. El narrador puede repetir la frase muchas veces para dar mayor énfasis o decirla una sola vez para conseguir un efecto dramático.

Las adaptaciones suponen cambios más significativos en el contenido de la historia que las simples variaciones en el diálogo o la forma de narrar. Un cuento se puede adaptar añadiendo o excluyendo personajes o escenas de la historia original, a fin de hacerla más interesante para un público determinado. Por ejemplo, en «El increíble partido en el cielo» hemos añadido algunos personajes que son compatibles con el tema y con los otros animales que aparecen en la narración.

Se puede escribir una nueva historia basándose en la estructura de otra tradicional. Por ejemplo, «El Ratón de Ciudad y el Ratón de Campo» es un relato nuevo que compara el estilo de vida en ambos lugares y se basa en la conocida fábula de Esopo. Sin embargo, aunque ambos cuentos los protagonizan dos ratones y en ambos se comparan las ventajas e inconvenientes de la vida en la ciudad y en el campo, difieren en algunas de las escenas, escenarios, diálogos y diversos momentos críticos.

«Diminuto» es un relato bastante popular en ámbitos educativos infantiles. Aunque se suele citar como un cuento de procedencia anglosajona, también se conocen otras versiones europeas. En algunas de las versiones tradicionales, la mujer diminuta estaba tan hambrienta que se quedaba con el hueso para hacer sopa. En las versiones más recientes coge el hueso para dárselo a su perro.

«El Hombre que Llega hasta las Rodillas» es un cuento afroamericano. No obstante, existen otras muchas narraciones sobre personas que quieren ser mayores, más fuertes o más ricas en lugar de valorarse a sí mismas por lo que son. A este cuento también se le dio el título de «Cómo el Hombre que Llega hasta las Rodillas intentaba crecer», y sabemos que existen algunas versiones apalaches del mismo.

«La historia del patito feo» la publicó originalmente Hans Christian Andersen en Dinamarca, en una compilación de cuentos de hadas que más tarde se tradujo a muchas lenguas.

«Los tres cabritos» es un cuento tradicional noruego que, al haberse traducido a tantas lenguas, se ha popularizado en todo el mundo. La versión que presentamos en este libro es de elaboración propia. La más antigua de que se dispone es la de Peter Christen Asbjornsen.

«La liebre y la tortuga» que presentamos en este libro es una adaptación de la célebre fábula de Esopo. Como ocurre con este tipo de composiciones literarias, los acontecimientos de la historia ilustran con claridad una moraleja de suma importancia.

«Sopa de clavo» es un relato tradicional de Checoslovaquia. Existen numerosas versiones, incluyendo la popular «Sopa de piedra», en la que el personaje principal no es un vagabundo sino soldados, y en lugar de la viejecita se trata de ciudadanos.

«Juanito el Pastelito» es un cuento inglés. Sin embargo, hay historias de pastelitos fugitivos en Noruega, panes de jengibre fugitivos en Estados Unidos, bollos fugitivos en Rusia y pasteles de arroz fugitivos en Japón. También los narradores apalaches tienen su propia variante.

«La competición de vuelo» es un relato tradicional de Surinam. El cuento contiene al «inteligente», un personaje protagonista habitual en la tradición de la narración oral de historias. Además, en este cuento corto aparece también otro tema característico de este género, a saber, una competición para zanjar una discusión, para decidir quién es mejor o para determinar quién debería gobernar.

«El increíble partido en el cielo» es una variante de «El increíble juego de lacrosse», una historia procedente de la tribu de los menominee.

«El Ratón de Ciudad y el Ratón de Campo» se inspira en la fábula de Esopo, una historia muy conocida en la que se contrasta la vida en la ciudad y en el campo. En nuestra versión de esta historia se contraponen una gran ciudad y un pequeño pueblecito, y los acontecimientos llevan a un final sorprendente.

«Las malas costumbres del Ratón y la Conejita» es un cuento procedente del África Occidental.

«La mujer que quería más ruido» está basada en el libro *The Little Woman Wanted Noise* (1943, 1967). Nuestra variante aparece por autorización de Checkerboard Press.

«El guante perdido con diminutos y brillantes abalorios» es una más entre la multitud de versiones existentes del cuento ucraniano «El guante». Como narradoras de historias, te invitamos a crear la tuya propia, añadiéndole algunos detalles o cambiando a varios de los animales. Inevitablemente, cuando se narra un cuento, éste toma diferente forma en función de quién lo esté contando.

«Los músicos de Bremen» es una versión del famoso cuento de los hermanos Grimm, que publicaron por primera vez en 1819. Esta historia se ha narrado de muchas formas distintas, y existe incluso una versión apalache.

«El Gorrión que no sabía cantar» es una adaptación del libro que Tony Maddox publicó en Londres en 1989. Se trata de una historia humorística y entrañable que los niños pequeños acogen con agrado. La hemos expandido y adornado para hacerla más adecuada a la narración oral. La versión que presentamos aparece por autorización de Piccadilly Press, Ltd.

«El tambor del Rey» está basado en un cuento de la tribu ashanti de Ghana. Al igual que muchas otras historias de esta región, se basa en el mito de la araña Anansi (mitad hombre y mitad araña), también presente en el folclore de Jamaica. Algunas de las historias sobre Anansi enseñan valores morales, y otras muestran cómo engaña a otros animales del bosque. Admiran a Anansi porque es muy inteligente y es el propietario de todos los cuentos.

«El ruiseñor» es un cuento de Hans Christian Andersen escrito en el siglo XIX y que se ha adaptado y traducido en numerosas ocasiones. Hemos creado nuestra propia versión a partir de muchas otras que hemos leído, y la hemos abreviado tras narrarla repetidamente a niños pequeños.

CÓMO CONTAR CUENTOS A LOS NIÑOS

EL NIÑO Y SU MUNDO

Títulos publicados: